RECUEIL CLAIRAMBAULT-MAUREPAS

CHANSONNIER

HISTORIQUE

DU XVIIIe SIÈCLE

Publié avec Introduction, Commentaire, Notes et Index

PAR

ÉMILE RAUNIÉ

ARCHIVISTE PALÉOGRAPHE

Orné de

Portraits à l'eau-forte par ROUSSELLE et RIVOALEN

PARIS

A. QUANTIN, IMPRIMEUR-ÉDITEUR

7, RUE SAINT-BENOIT

1884

CINQUIÈME PARTIE

LE RÈGNE DE LOUIS XVI

1774-1789

I

sa nature, les avait affirmés et développés. « Louis XVI, a dit le duc de Lévis, n'avait point, comme les deux rois ses prédécesseurs, un extérieur imposant ; cependant il n'y avait rien dans sa personne qui dérogeât à la dignité suprême dont il était revêtu ; c'étaient plutôt ses manières que sa configuration qui manquaient de noblesse, car il était grand et bien proportionné. Ses mœurs irréprochables commandaient l'estime et ses vertus privées méritaient tous les respects ; mais il n'avait ni l'éclat qui impose, ni la grâce qui séduit, ni la fermeté qui contient. Ces moyens si puissants pour gouverner les hommes et plus particulièrement les Français, lui manquaient absolument. Raison de plus pour tenir constamment ses sujets à une distance respectueuse, et pour ne jamais déposer le diadème dont l'éclat éblouissant empêche de distinguer les imperfections de celui qui le porte. »

Il avait épousé, dès l'âge de seize ans, la fille de Marie-Thérèse, l'archiduchesse Marie-Antoinette, qui, attrayante et imposante à la fois, ajoutait à la dignité royale le prestige de la grâce et de la majesté. « Marie-Antoinette avait plus d'éclat que de beauté, écrit Sénac de Meilhan, l'un des meilleurs juges qui l'aient observée ; chacun de ses traits, pris séparément, n'avait rien de remarquable ; mais leur ensemble avait le plus grand agrément. Ce mot si prodigué de charmes était, pour peindre les grâces de cet ensemble, le mot propre. Aucune femme ne portait mieux sa tête, qui était attachée de manière que chacun de ses mouvements eût de la grâce et de la noblesse. Sa démarche était noble et légère et rappelait cette expression de Virgile : Incessu patuit dea. Ce qu'il y avait de plus rare dans sa personne était l'union de la grâce et de la dignité la plus imposante. Son esprit n'avait rien de brillant et elle n'annonçait à cet égard aucune prétention ; mais il y avait dans elle quelque chose qui tenait de l'inspiration et qui lui faisait trouver au moment ce qu'il y avait de plus convenable aux circonstances, ainsi que les expressions les plus justes. C'était plutôt de l'âme que de l'esprit que partaient alors ses discours et ses réponses. Entièrement livrée à elle-même à vingt ans, étrangère, belle, aimable, toute-puissante sur le cœur et l'esprit d'un roi aussi jeune qu'elle, elle fit des imprudences, applaudies alors, transformées dans la suite en crimes. Objet de l'enthousiasme public, elle n'était point avertie de ses fautes et de la légèreté de sa conduite... Dans son intérieur, elle montrait un caractère de bonté rare parmi les particuliers... Attentive à ne pas nuire, elle avait soin d'empêcher que de légers mécontentements qu'elle avait de quelques personnes ne fissent sur le Roi un effet désavantageux pour elles. »

La jeune souveraine était populaire par les traits de bonté et de générosité que l'on citait d'elle et qui témoignaient de son bon cœur ; les humiliations que lui avait infligées, à Versailles, Mme du Barry, envieuse de sa jeunesse et de sa beauté, avaient été pour elle un titre de plus à l'estime publique. Mais elle avait à ses côtés un intrigant obscur, l'abbé de Vermond, qui devait contribuer par sa funeste influence à lui faire perdre l'affection de ses sujets. L'abbé, chargé de former son esprit et son cœur et de l'élever en reine de France, semblait avoir *pris à tâche de l'empêcher d'être Française. Aussi la Reine vit bientôt se former contre elle, dans sa propre cour, un parti puissant qui mit à profit ses fautes et ses inconséquences pour ruiner rapidement et sûrement la popularité qui l'avait accompagnée jusqu'au trône.*

Comme son père, dont il gardait un profond souvenir, Louis XVI avait toujours envisagé avec une crainte mélancolique le fardeau du pouvoir, et son premier sentiment, en apprenant la mort de son aïeul, fut de ne pouvoir suffire, par jeunesse aussi bien que par inexpérience, à la lourde tâche qui lui incombait. Aussi songea-t-il à appeler auprès de lui un conseiller dévoué et rompu aux affaires. La Reine, qui n'oubliait point que Choiseul avait négocié son mariage et désirait lui prouver sa reconnaissance, essaya de décider son époux à le ramener au ministère. Mais le Roi, prévenu dès longtemps contre Choiseul par les recommandations du Dauphin, écarta résolument cette proposition et demanda conseil à ses tantes, Mesdames, filles de Louis XV, pour lesquelles il avait toujours montré une grande déférence. Les princesses hésitaient entre M. de Machault et M. de Maurepas, mais Mme Adélaïde décida le Roi en faveur de Maurepas, que recommandaient tout particulièrement la disgrâce et l'exil que lui avait infligés Mme de Pompadour. Maurepas, qui était resté vingt-cinq ans éloigné de la cour, n'avait rien perdu, dans la retraite, de sa légèreté et de son insouciance d'autrefois. A côté de ces défauts, il y avait d'ailleurs en lui quelques qualités appréciables ; il avait de l'esprit, de l'habileté, de l'expérience et une manière agréable de traiter les affaires qui pouvait abuser *sur ses véritables capacités. Louis XVI, pressé d'apprendre, fut heureux d'avoir trouvé un ministre qui semblait apte à le former promptement. Quant au public, qui avait oublié depuis longtemps le courtisan disgracié et n'avait point de jugement arrêté à son égard, il accueillit avec faveur son rappel comme indiquant de la part du Roi le ferme désir de rompre avec la politique de son prédécesseur.*

Par le premier édit du règne, Louis XVI fit remise au peuple du droit de joyeux avènement, *impôt qui ne coûtait pas moins de quarante millions aux contribuables, bien qu'il en rapportât à peine la moitié au Trésor. Marie-Antoinette, de son côté, renonça au* droit de ceinture de la reine, *autre impôt non moins vexatoire et aussi peu productif. Ces actes de judicieuse libéralité furent considérés comme les présages d'un règne heureux, mais ne satisfirent pas complètement l'opinion publique. Ce que l'on attendait avec une impatience de jour en jour plus vive, c'était le renvoi des ministres du feu roi et la suppression du Parlement Maupeou. D'Aiguillon et de Boynes avaient déjà quitté leurs fonctions, mais les plus odieux de leurs collègues, Maupeou, Terray et La Vrillière étaient encore en place et intriguaient pour s'y maintenir en dépit de l'irritation populaire. L'archevêque de Paris lui-même les appuyait de son influence et représentait que le rappel de l'ancienne magistrature constituerait pour la religion un danger permanent. Le Roi restait indécis et sa popularité souffrait de son irrésolution. Mais Maurepas, qui tenait à conserver la faveur du public et ne se souciait nullement de porter la responsabilité des dernières mesures du règne de Louis XV prises par ses collègues, n'eut rien de plus à cœur que de se débarrasser d'eux, et il triompha de l'hésitation de Louis XVI. Il avait mis toute son adresse à gagner le cœur et l'esprit du prince, et par son travail facile, par sa clarté d'exposition, par sa prompte expédition des affaires, il avait obtenu tout le crédit d'un premier ministre, sans en avoir le titre. Grâce à ses conseils, Maupeou et Terray furent exilés le 25 août, jour de la fête de saint Louis ; Hue de Miroménil devint garde des sceaux et Turgot passa au contrôle général laissant la marine à Sartines. Ce changement ministériel provoqua dans Paris les démonstrations les plus enthousiastes, d'autant qu'il permettait de considérer le rappel de l'ancien Parlement comme désormais assuré. Ce rappel ne tarda pas, en effet, à suivre. En dépit des opinions qui divisaient sur ce point la famille royale et même le ministère nouvellement constitué, Louis XVI céda aux suggestions de Maurepas, partisan de l'ancienne magistrature. Il écrivit aux Parlementaires exilés de rentrer à Paris le 12 novembre et de se réunir au Palais en robes de cérémonie. Il s'y rendit lui-même et tint un lit de justice dans lequel furent enregistrés le rétablissement de l'ancien Parlement et la suppression du nouveau. La cour des Aides et les juridictions inférieures, supprimées sous le feu Roi, reprirent également leurs fonctions ; quant au Parlement Maupeou, il se vit transformé en Grand Conseil.*

Après avoir calmé par ces mesures le ressentiment national, il devenait urgent de procéder aux réformes instamment réclamées par l'opinion. Ces réformes furent entreprises par l'homme le plus considérable du ministère et le seul, à vrai dire, qui fût arrivé au pouvoir avec une idée exacte de la situation et des projets nettement arrêtés, le contrôleur général Turgot. Issu d'une ancienne famille de robe, Turgot appartenait à cette race d'administrateurs philanthropes qui n'exercent le pouvoir qu'en vue du bien public et avec un dévouement absolu et désintéressé. Après de sérieuses études qui lui avaient valu le titre de prieur en Sorbonne, Turgot avait appliqué son esprit à toutes les connaissances humaines, et particulièrement à l'économie politique. D'abord maître des requêtes, puis intendant de Limoges, il s'était fait adorer dans sa province en allégeant les charges publiques, en abolissant la corvée et en établissant la libre circulation des grains. Il avait ainsi fourni aux plus mauvais jours le rare spectacle d'une administration bienfaisante et vraiment populaire. Devenu ministre, Turgot allait donner libre carrière, dans un champ plus vaste, à l'activité de son âme généreuse et passionnée pour le bonheur de ses concitoyens.

La question des finances s'imposait la première à son attention. En dépit des expédients de l'abbé Terray, le déficit du trésor prenait sans cesse des proportions inquiétantes. Turgot, qui ne voulait recourir ni aux impôts ni aux emprunts, résolut, pour égaler les recettes aux dépenses, d'utiliser avec une sévère économie les deniers de l'État. Une meilleure répartition des taxes, une perception plus rigoureuse des revenus publics, de nombreux retranchements dans les prodigalités inutiles, une vigou-

reuse impulsion donnée au commerce et à l'industrie, tels furent à ses yeux les moyens les plus efficaces pour rétablir l'équilibre dans les finances de l'État. Après avoir ranimé le crédit en soldant les pensions arriérées et cassé le bail des domaines royaux pour en augmenter le revenu, il décréta la liberté du commerce des grains à l'intérieur. Cette sage mesure, destinée à prévenir le retour des maux causés par le pacte de famine, *passa d'abord sans résistance, bien qu'elle eût suscité d'ardentes controverses. Mais bientôt, à la suite de la mauvaise récolte de l'année, des troubles éclatèrent en province et se propagèrent jusqu'à Paris. Turgot, qui vit là une machination ourdie par ses adversaires politiques, n'hésita pas à employer la force armée, et bien qu'il eût à lutter contre le mauvais vouloir du Parlement et du lieutenant général de police, il rétablit promptement le calme, grâce à une répression énergique. Sa popularité et son crédit auprès du Roi, quelque peu ébranlés par ces événements, furent raffermis peu après par l'entrée au ministère de Lamoignon de Malesherbes, qui remplaçait La Vrillière. Le vieux duc était resté, dans le Conseil, le dernier survivant des ministres de Louis XV; Maurepas, après avoir retardé sa chute durant une année, l'avait abandonné, et, craignant que sa place ne fût prise par quelque membre de la faction de Choiseul, il avait, sur les conseils de Turgot, proposé au Roi de lui donner Malesherbes pour successeur.*

Le nouveau ministre était alors le personnage le plus justement honoré de la magistrature; aussi populaire que Turgot, dont il était l'ami, il professait, en politique comme en philosophie, les mêmes opinions que lui. A la tête de la Cour des Aides, dont il était premier président, il avait jadis énergiquement protesté contre le coup d'État de Maupeou, et tout récemment il avait adressé au Roi de remarquables remontrances dans lesquelles il exposait et jugeait avec une noble franchise le système d'impôts qui écrasait la nation et les abus de tout genre dont fourmillait le régime fiscal.

Malesherbes n'accepta son élévation qu'à contre-cœur, et il fallut, pour le décider, toute l'insistance de Turgot et la ferme espérance d'apporter un utile concours aux patriotiques desseins de son ami.

La réunion de ces deux ministres philosophes dans les Conseils du Roi allait donner une nouvelle impulsion aux réformes attendues par la nation. Tandis que Malesherbes sollicitait l'abolition des lettres de cachet, Turgot poursuivait ses améliorations dans les finances, annonçait aux intendants la prochaine suppression des corvées et préparait une loi destinée à valider les mariages des protestants, en attendant, assurait-on, de leur accorder le libre exercice de leur culte. Le clergé s'émut de ces projets de tolérance, contre lesquels il crut devoir protester dans un mémoire présenté au Roi par les délégués de l'Assemblée générale.

Turgot ne fut point déconcerté par cette opposition ni par l'hostilité qu'il rencontrait à la cour, particulièrement chez Maurepas et chez la Reine, que ses principes de rigoureuse économie avaient indisposée. La magistrature, qui se sentait menacée dans son influence et dans ses privilèges par l'esprit novateur du ministre, fit cause commune avec le clergé. Après avoir condamné un ouvrage de Boncerf sur les Inconvénients des droits féodaux, que l'on disait inspiré par Turgot, le Parlement n'attendait qu'une occasion d'engager ouvertement la lutte; elle ne tarda pas à se présenter. Au mois de février 1776, Turgot lui adressa, pour l'enregistrement, six édits, dont les deux plus importants concernaient la corvée et les jurandes, sachant bien qu'il faudrait recourir à un lit de justice pour obtenir l'enregistrement. Le Parlement, en effet, fit des remontrances, surtout contre la suppression des corvées, qui atteignait directement les magistrats propriétaires et provoqua de leur part un déchaînement inouï. Mais après d'itératives remontrances, le Roi tint, le 12 mars 1776, un lit de justice que Voltaire appelait avec raison lit de bienfaisance, et les édits furent enregistrés. La corvée était remplacée par une taxe qui frappait la noblesse, en respectant le clergé que Turgot n'osait encore soumettre à l'impôt. Quant au régime des maîtrises et des jurandes, il était supprimé sans tempérament et sans transition, pour faire place à la liberté du travail et de la concurrence. Le menu peuple de Paris, transporté de joie par l'abolition des jurandes, témoigna son enthousiasme par des manifestations qui ne furent pas exemptes de désordres. Dans les campagnes, la suppression des corvées produisit le même résultat, et l'on vit des paysans se soulever contre leurs seigneurs. Aussi les opérations de Turgot furent-elles critiquées dans de nombreux pamphlets et accrurent encore le nombre des adversaires du ministre.

Malesherbes n'était guère plus heureux que son col-

lègue. Les divers projets de réformes qu'il avait présentés à Louis XVI, et notamment les économies dans la maison du Roi, n'avaient point reçu d'exécution. Fatigué de ses vains efforts, il inclinait tout naturellement à se démettre de fonctions pour lesquelles il n'avait aucun goût et n'était retenu que par sa fidélité à la destinée de Turgot. Lorsqu'il comprit que son ami, abandonné par le Roi et réduit à l'impuissance, était menacé d'une disgrâce inévitable, il n'hésita plus et demanda l'autorisation de se retirer.

Mais tandis que Malesherbes regrettait son inaction forcée, le ministre de la guerre, le comte de Saint-Germain, se signalait, au contraire, par une activité irréfléchie. Ce vieux général, que Turgot avait retiré de la retraite où il vivait pour lui confier un département dans lequel les abus étaient aussi nombreux que criants, fut accueilli avec faveur par l'armée, qui le regardait comme un guerrier philosophe et un ami des soldats. Saint-Germain avait étudié depuis longtemps les vices du système militaire; il commença par porter la main sur les corps privilégiés et la maison du roi, dont la somptueuse inutilité le révoltait.

Maurepas, inquiet de ce début et poussé d'ailleurs par les officiers courtisans qui voyaient leur situation compromise, s'empressa de lui donner pour adjoint le comte de Montbarrey, chargé de modérer son ardeur et de tempérer la rigueur de ses actes. Le ministre, qui avait supprimé les grenadiers à cheval et les mousquetaires gris et noirs, fut obligé de respecter les chevau-légers, les carabiniers et les gendarmes. Il reporta alors son attention sur le relâchement, sur l'absence d'ordre et de régularité, sur l'insouciance et même le mépris du commandement qui s'étaient glissés dans l'armée. Pour remédier à ces maux, il imagina, par une réminiscence de l'armée allemande, dans laquelle il avait servi, l'emploi des châtiments corporels, d'abord les coups de bâton, puis les coups de plat de sabre. Cette mesure, qui s'accommodait mal avec la fierté nationale, lui aliéna l'esprit des soldats qui, eux, du moins, lui avaient su gré de vouloir introduire l'égalité dans leurs rangs. Dès ce jour, il fut perdu dans l'estime publique; son projet de remplacer les Invalides par trente-six nouveaux établissements l'avait déjà discrédité; son ordonnance sur la discipline le fit universellement détester. Il ne lui manquait plus que de se rendre ridicule; il y réussit en dispersant dans les provinces l'École militaire de Paris et en donnant des hommes d'Église pour professeurs aux jeunes officiers.

Ces mesures maladroites et impopulaires avaient achevé de discréditer le système des réformes inauguré par Turgot, qui allait être obligé de quitter le ministère sans avoir eu le loisir de mettre en pratique dans tous ses détails le vaste plan qu'il avait conçu.

A côté de ses réformes financières et industrielles, il préparait, en effet, d'importantes innovations politiques et avait arrêté les bases d'une organisation représentative dont il ne tenta même pas l'essai. Il voulait appeler la nation à la vie publique en l'intéressant à la gestion de ses affaires et en lui donnant une part de l'administration et du gouvernement. D'après ces principes, il avait *imaginé une représentation à trois degrés dans laquelle les députés, élus sans distinction d'ordre, devaient répartir l'impôt et étudier l'ensemble des mesures réclamées par les besoins généraux ou locaux. Cette conception n'était pas autre chose que le programme dressé plus tard par l'Assemblée constituante; si elle eût été réalisée, la Révolution devenait inutile, et l'ancienne monarchie eût accompli par de simples ordonnances, sans discordes civiles et sans secousses, toutes les réformes que réclamait l'esprit public. Malheureusement Turgot n'avait plus assez d'influence pour continuer son œuvre réformatrice; les courtisans, la noblesse, le clergé, les magistrats, les chefs de métiers, tout le monde, en un mot, s'était tourné contre lui et, s'il conservait l'estime du Roi, il avait perdu tout son crédit. « Je vois bien, avait dit Louis XVI, qu'il n'y a ici que M. Turgot et moi qui aimions le peuple; » mais, faible comme il était et dominé par les intrigues de son entourage, il n'osa pas lutter plus longtemps en faveur de son ministre et l'abandonna. Maurepas, qui ne pardonnait pas à Turgot d'avoir un moment éclipsé son influence, précipita sa chute en lui attribuant des lettres injurieuses pour la famille royale, et la Reine demanda instamment son renvoi. Turgot, poussant la fermeté jusqu'au bout, tint tête à l'orage et se refusa à déserter volontairement son poste. Aussi reçut-il, le 12 mai 1776, l'ordre de quitter la cour. Il n'emportait guère avec lui que les regrets des esprits supérieurs; la majorité du public n'appréciait pas son œuvre avec assez d'équité pour comprendre combien son renvoi devait être funeste à l'État.*

Après Turgot, une réaction était inévitable. Elle ne se fit pas attendre. L'intendant de Bordeaux, Clugny, appelé sur les conseils de Maurepas au contrôle général, se hâta de suspendre l'édit sur les corvées et de rétablir les jurandes. Ces mesures furent assez mal vues et faillirent même provoquer des soulèvements.

Le ministre ne fut guère mieux inspiré lorsqu'il institua la loterie et proposa, pour en finir d'un seul coup avec les embarras financiers et éteindre la dette publique, de recourir à la banqueroute. Cet expédient désastreux que ses collègues acceptaient fut énergiquement rejeté par Louis XVI.

Avec Clugny, le contrôle général devenait un rendez-vous de fripons et le ministre lui-même profitait de sa situation pour enrichir ses maîtresses et ses créatures. Sa mort, survenue le 18 octobre, arrêta les effets désastreux de son passage aux affaires.

Maurepas choisit alors, pour le remplacer, un homme qui, tout en étant hostile aux doctrines des économistes, jouissait du moins d'une grande considération dans la bourgeoisie financière et entretenait avec le parti philosophique les meilleures relations, le Genevois Necker.

Un intrigant habile, qui avait su gagner la confiance de Maurepas, le marquis de Pezay, fut l'artisan de la fortune du nouveau ministre. Il sut persuader à son protecteur que Necker, qui jouissait comme banquier d'un grand renom d'habileté, était le seul homme capable de parer aux difficultés de la situation. Mais Necker était protestant et ne pouvait par suite occuper un poste important dans l'État. Il ne succéda donc pas directe-

ment à Clugny; ce fut l'intendant de Valenciennes, Taboureau des Réaux, qui reçut le titre de contrôleur et Necker lui fut adjoint comme directeur du Trésor. Quelques mois après, Taboureau, humilié du rôle sans dignité qu'il avait accepté, se retira, et son collègue devint directeur général des finances, sans avoir toutefois le rang de ministre.

Le choix de Necker provoqua un vif enthousiasme et la hausse immédiate des effets publics témoigna de la confiance qu'inspirait sa nomination; le nouveau ministre arrivait donc au pouvoir sous les auspices les plus favorables. S'il n'avait ni le génie aussi étendu ni l'âme aussi élevée que Turgot, il était du moins comme lui honnête, imbu d'idées philanthropiques et animé d'un sincère désir d'être utile. Il comprit que le seul moyen de remédier aux embarras du royaume était de rouvrir franchement l'ère des réformes, et ce fut sur les finances qu'il concentra tout d'abord son attention. Il avait à réparer le déficit annuel du Trésor, accru par les prodigalités de Clugny et en même temps à trouver de l'argent pour les dépenses d'une grande guerre que la pression de l'opinion publique devait bientôt imposer au gouvernement.

Necker était trop pratique pour recourir aux impôts; il les évita au moyen des emprunts devant lesquels Turgot avait reculé. A l'exemple des Anglais, il fit un emprunt public de vingt-quatre millions qui fut couvert en une journée. Mais pour alléger les charges du Trésor et donner en même temps un gage assuré aux nouveaux créanciers de l'État, il s'efforça de couvrir les intérêts par des économies et supprima toutes les dépenses qui lui paraissaient inutiles. C'est ainsi qu'il cassa le bail des fermes, mit les postes en régie, supprima les receveurs des domaines et diminua le nombre des intendants des finances. Il réduisit également le service de la loterie qu'il eut le tort de conserver, et décréta l'extension des vingtièmes sur simple sommation ministérielle. Cette dernière prescription suscita contre lui une vive opposition, et des cabales ne tardèrent pas à se former pour obtenir son renvoi. Necker se flatta de triompher de ses ennemis en recommandant son administration par des actes de bienfaisance tels que la réforme des hôpitaux et la création des monts-de-piété. Les nécessités financières ne lui permettaient point d'ailleurs de tenir compte des critiques, car à ce moment même la France prenait parti pour les colonies d'Amérique révoltées contre la mère patrie et déclarait la guerre à l'Angleterre.

Le gouvernement anglais avait, dès l'année 1765, élevé la prétention d'imposer des taxes à ses colonies, qui avaient toujours vécu jusqu'alors dans une complète indépendance de la royauté et du Parlement, sauf pour les questions de commerce et de navigation. La Nouvelle-Angleterre répondit par une déclaration des Droits de l'homme et un congrès des députés des colonies se réunit à New-York pour protester. Le ministère britannique, après une première concession, revint à son imprudent système et prépara une rupture définitive.

En 1774, un soulèvement de Boston fut le signal de la guerre, et un congrès général réuni à Philadelphie publia, le 4 septembre de la même année, une solennelle

Le règne de Louis XVI.

déclaration des droits; les milices coloniales s'organisèrent, des armes et des munitions furent amassées. La lutte s'engagea, le 19 avril 1775, par le combat de Lexington et le général en chef de l'armée des insurgents, Washington, força le général Howe à lever le blocus de Boston. Un nouveau congrès, tenu à Philadelphie, consacra alors la légitimité de la résistance en proclamant définitivement l'indépendance des treize colonies sous le nom d'États-Unis d'Amérique. Washington tint tête pendant une année entière aux armées anglaises avec les seules milices des États et finit par triompher en obligeant le général anglais Burgoyne à capituler à Saratoga. Ce succès éclatant eut une influence décisive sur l'issue de la lutte, car il valut aux colonies l'alliance de la France. Dès le début des hostilités, l'opinion publique s'était hautement prononcée en faveur des insurgés : l'orgueil national ne pardonnait point à l'Angleterre les désastres de la guerre de Sept ans, la destruction de notre marine et la perte de nos colonies. Franklin, que le congrès avait envoyé à Paris pour y solliciter l'appui du gouvernement, contribua par son influence personnelle à développer les sympathies qu'inspirait la cause de ses compatriotes. Toutefois Louis XVI et ses ministres restaient indécis; s'ils autorisaient Beaumarchais à leur fournir des armes et le marquis de La Fayette à mettre son épée à leur service, ils se refusaient à une intervention directe. La nouvelle de la capitulation de Saratoga triompha de leurs hésitations; Franklin fut reçu officiellement comme ambassadeur, et un traité de commerce et d'alliance défensive avec les États-Unis, conclu dès le

faux

6 *février* 1778, *provoqua à bref délai la rupture avec l'Angleterre si impatiemment attendue par l'opinion. Necker ne s'était jamais montré partisan de la guerre avec l'Angleterre, dont les dépenses ne pouvaient manquer d'aggraver la situation financière de l'État et de multiplier les difficultés avec lesquelles il se trouvait aux prises. Dès qu'il comprit qu'elle était inévitable, il dut, pour se procurer les ressources nécessaires, recourir à de nouveaux emprunts et pousser jusqu'aux dernières limites le système d'économie qu'il pratiquait. Secondé par Louis XVI, il introduisit un ordre rigoureux dans la comptabilité du Trésor, en réunissant sous sa surveillance immédiate les fonds dispersés dans toutes les caisses publiques. Il commença même la difficile réforme de la maison du roi par la suppression des charges inutiles et annonça son intention d'abolir les grands officiers de la couronne et de réduire les dépenses du comte de Provence et du comte d'Artois. Dans un autre ordre d'idées il se signala encore par de sages et bienfaisantes innovations. Il affranchit les domaines royaux des droits de servitude et de main-morte, et, étendant sa sollicitude jusqu'aux criminels, il améliora le régime des prisons et supprima la question préparatoire, dernier reste de l'antique barbarie judiciaire. On le vit même reprendre les projets d'organisation politique de Turgot et proposer au Roi l'établissement d'assemblées provinciales. Il en fit l'essai dans plusieurs généralités, mais avec timidité. Cette tentative cependant mécontenta les Parlements, qui déjà s'étaient déclarés hostiles aux emprunts du ministre et à l'abolition du servage et de la main-morte.*

Elle ne fut guère mieux accueillie par les collègues de Necker, qui voyaient leur autorité menacée par cette institution. Le ministre de la marine, Sartines, se montra le plus ardent contre lui et ne craignit point de l'accuser d'être vendu à l'Angleterre, si bien que Necker, poussé à bout, demanda et obtint son renvoi, parce qu'il avait dépassé de vingt millions les fonds extraordinaires accordés à son département. Mais cette disgrâce fut le dernier triomphe de son influence. Pour répondre aux attaques de ses adversaires, chaque jour plus nombreux, il se décida à publier, au mois de janvier 1781, avec la permission du Roi, son Compte rendu *sur la situation des finances. Ce document présentait un tableau comparatif des recettes et des dépenses de l'État, expliquait en même temps les opérations du ministre, annonçait ses projets et dévoilait les abus et les désordres de toutes sortes qu'il comptait réprimer. Mais cette publication, qui constituait à la fois une innovation hardie et un grand acte politique, ne fit qu'irriter davantage les ennemis de Necker. On vit là une condamnation en forme des usages de l'ancienne monarchie, et partant un acte inconstitutionnel et dangereux. Tandis que le frivole Maurepas raillait l'écrit de son collègue, qu'il appelait plaisamment le* Conte bleu, *par allusion à la couverture, les autres adversaires du ministre l'accablaient de leurs pamphlets effrontés et calomnieux. L'amour-propre de Necker put souffrir de ces attaques, mais le Compte rendu augmenta encore son crédit auprès de la nation et lui permit d'emprunter deux cents millions pour les dépenses de la guerre. Sur ces entrefaites, l'on publia furtivement un mémoire qu'il avait remis au Roi au sujet de l'extension du système des assemblées provinciales et dans lequel il annonçait encore des réformes capitales. Il proposait notamment d'ôter la franchise du sel à tous les membres des cours souveraines, afin de diminuer la gabelle, de supprimer les intendants comme onéreux pour l'État et tyranniques pour le peuple, de réduire les Parlements aux fonctions judiciaires en leur enlevant le droit d'enregistrement. Les Parlementaires, auxquels l'on eut soin d'adresser un exemplaire du mémoire, parlaient hautement de décréter Necker pour attentat aux lois, tandis que le clergé, les intendants et les priviégiés assaillaient le Roi de leurs réclamations et de leurs doléances. Les princes du sang et la Reine, irrités des retranchements de dépenses opérés par le ministre, firent cause commune avec eux. Necker tint bravement tête à ses ennemis ; il exigea que les critiques injustes ou diffamatoires dirigées contre son* Compte rendu *fussent vérifiées par ses collègues eux-mêmes, et il demanda l'entrée au Conseil comme témoignage formel de la confiance du Roi. Mais il était déjà usé dans l'esprit de Louis XVI, qui ne se souciait point d'être plus longtemps importuné par les instances de son entourage. D'ailleurs, Maurepas avait représenté au monarque que les lois du royaume défendaient l'entrée dans les Conseils à un étranger et à un protestant, et que Necker pourrait seulement obtenir satisfaction s'il consentait à abjurer sa religion. Le ministre blessé adressa aussitôt sa démission au Roi (19 mai 1781). Avec moins de fierté et plus de patience il eût peut-être triomphé définitivement des cabales,* car trois mois après le vieux Maurepas mourait, et l'ancien directeur du Trésor aurait pu retrouver toute son influence auprès de Louis XVI et devenir le maître de la situation.

Aussitôt connue, la démission de Necker provoqua une consternation générale et fut considérée comme une calamité qui émut non seulement la France, mais même l'Europe. La nation regretta sincèrement l'homme qui s'était dévoué au bien public avec une activité aussi généreuse que désintéressée, et une foule immense alla lui apporter à Saint-Ouen, où il s'était retiré, ses témoignages de sympathie. Des adresses lui furent votées de tous les points du royaume et la disgrâce accrut encore sa popularité; les souverains étrangers eux-mêmes l'accablèrent de marques d'estime. Durant quelques jours, le public se persuada qu'il allait être rappelé et des démarches furent même tentées dans ce sens auprès de Louis XVI ; mais la crainte de ce retour raviva l'ardeur de ses adversaires qui lui firent aussitôt donner pour successeur Joly de Fleury.

Lorsque Necker se retira des affaires, la guerre d'Amérique était fort avancée et la France, grâce aux ressources créées par le ministre, avait pu y prendre une glorieuse part. Ce n'était point, d'ailleurs, sans de longues hésitations que Louis XVI s'était décidé à une intervention armée, même après la conclusion de l'alliance avec les États-Unis. Il avait fallu, pour triompher de ses scrupules, que l'Angleterre donnât le signal des hostilités. La marine française, relevée de son anéantissement par les efforts successifs de Choiseul, de Turgot et de Sartines, n'attendait qu'une occasion pour prendre sa revanche des échecs subis sous Louis XV, lorsque le 17 juin 1778, l'amiral Keppel fit attaquer, par la frégate l'Aréthuse, la Belle-Poule que commandait le lieutenant de vaisseau de La Clocheterie. Le combat fut meurtrier, mais les marins français débutèrent par un triomphe qui commençait la guerre avec éclat et la Belle-Poule rentra dans Brest aux acclamations de la rade, tandis que l'on remorquait vers la côte d'Angleterre l'Aréthuse désemparée. Un mois plus tard, le comte d'Orvilliers, secondé par de Guichen, Du Chaffault et Lamotte-Piquet, attaqua l'amiral à la hauteur d'Ouessant; la lutte dura deux heures et, bien que la victoire fût restée indécise, les Anglais considérèrent comme un échec pour eux la vigoureuse défense des Français, et Keppel fut mis en jugement pour n'avoir pas été vainqueur. Une autre flotte, partie de Toulon sous le commandement de d'Estaing, alla jeter l'ancre sur les côtes d'Amérique, à l'embouchure de la Delaware et combiner avec l'armée des Insurgents une double attaque contre Rhode-Island. Mais une violente tempête fit échouer cette tentative, et d'Estaing, après une rapide campagne dans les Antilles, où il s'empara de la Grenade et battit l'amiral Byron, revint prêter son concours aux alliés pour bloquer Savannah, en Géorgie, dont les Anglais avaient fait leur arsenal. L'assaut donné par terre et par mer échoua, et l'amiral, rappelé en France et disgracié, fut remplacé par le comte de Guichen. Sur ces entrefaites, le roi d'Espagne, Charles III, qui détestait l'Angleterre, se déclara contre elle, et sa flotte vint rallier celle du comte d'Orvilliers qui était en observation dans la Manche, et projetait avec quarante mille hommes réunis sur le littoral de Normandie une invasion que la tempête ne permit pas d'effectuer. Tout l'effort de la lutte se concentra dès lors en Amérique.

Aux Antilles, Guichen résistait glorieusement à l'amiral Rodney dans trois batailles navales, tandis qu'un corps expéditionnaire, commandé par Rochambeau et sept vaisseaux de ligne allaient soutenir les troupes des États-Unis battues par Clinton et Cornwallis. A ce moment, les Hollandais, que les Anglais avaient vainement sommés de leur fournir des secours, s'allièrent avec la France et l'Espagne, et leur flotte triompha dans la mer du Nord de celle des ennemis, alors que de Grasse prenait Tabago et que les Espagnols s'emparaient de Pensacola. Les Américains, de leur côté, ne restaient pas inactifs et obligeaient Cornwallis à capituler à York-Town (7 octobre 1781).

Quoique accablés par ce désastre imprévu, les Anglais poursuivirent la lutte, non pour reconquérir leurs colonies, mais pour venger l'honneur national, et l'amiral Rodney vainquit de Grasse dans un combat acharné livré près des Saintes, le 12 avril 1782. En Europe, dix mille Espagnols, commandés par le duc de Crillon, avaient enlevé le fort Saint-Philippe, après un siège de sept mois; mais une attaque générale dirigée contre Gibraltar resta sans succès. Aux Indes, le sultan de Mysore, l'intrépide Haider-Ali et son fils Tippo-Saïb avaient profité des embarras de l'Angleterre pour se révolter; si la France leur eût prêté un concours opportun, la domination britannique était anéantie dans l'Hindoustan. Le bailli de Suffren vint trop tard en aide à Tippo-Saïb; il avait à plusieurs reprises triomphé de la flotte et des forces anglaises, lorsque la conclusion de la paix arrêta le cours de ses exploits. Les puissances belligérantes, satisfaites d'avoir humilié l'orgueil de l'ennemi commun et affaibli sa puissance maritime, souhaitaient la fin de la guerre; grâce à la médiation de l'Autriche et de la Russie, des traités furent signés entre l'Angleterre, la France, l'Espagne et les États-Unis, le 3 septembre 1783, à Versailles, et un an après, entre l'Angleterre et la Hollande. Les alliés rentraient en possession de la plupart de leurs colonies, et notamment la France et l'Espagne, qui prenaient leur revanche du honteux traité de 1763.

La pleine indépendance des États-Unis d'Amérique était reconnue, et c'était là surtout le principal résultat de la guerre; car la nouvelle république était destinée à devenir sur mer la rivale de l'Angleterre.

Avec Turgot et Necker avaient définitivement disparu les projets de réforme de la constitution administrative, financière et sociale de l'État. En revenant aux anciens errements, la Royauté aggravait les embarras et les difficultés que ces deux ministres s'étaient efforcés d'atténuer, et en abandonnant la répression des désordres et des abus commencée par eux, elle rendait inévitable, à bref délai, une réforme aussi violente que radicale. La révolution que l'on se refusait à opérer graduellement ne devait pas tarder à s'imposer par suite du déficit sans cesse grandissant du Trésor. C'était en vain que Louis XVI avait déclaré, aussitôt après la disgrâce de Necker, que s'il changeait de ministres il ne changeait pas de principes, les privilégiés qui avaient provoqué le renvoi du directeur général des finances repoussaient également la continuation de sa politique. Le ministre qui avait le plus contribué à la disgrâce de Necker, M. de Vergennes, et qui remplaça Maurepas dans la confiance du Roi, ne s'intéressait guère à l'administration intérieure; les questions de politique étrangère absorbaient toute son attention. Il laissa donc à son collègue Miroménil le soin de choisir le ministre des finances, et celui-ci désigna aussitôt un conseiller d'État, Joly de Fleury, dans lequel il craignait de trouver à l'occasion un candidat au poste de garde des sceaux. Fleury ne se décida à accepter que sur les instances de Maurepas, tout en considérant sa charge comme transitoire. Il n'eut en matière de finances d'autres idées que celles de ses collègues, Miroménil et Vergennes, et ne poursuivit qu'un but, celui de délaisser ou de ruiner les meilleurs établissements de Necker. Il débuta par une augmentation de deux sous pour livre des droits perçus sur tous les objets de consommation. Un vif mécontentement se produisit dans les classes inférieures; mais le Parlement, qui avait si énergiquement protesté contre de sages réformes, enregistra l'édit sans mot dire. Il en fut de même pour toutes les autres mesures vexatoires qui suivirent, et le ministère, rentrant audacieusement dans la voie des abus, rétablit tous les offices supprimés. L'irritation causée par ces actes s'accrut encore lorsqu'un règlement interdit dans l'armée les sous-lieutenances aux roturiers, et déclara inhabile à parvenir au grade de capitaine tout officier qui n'était pas noble de quatre générations. Il était difficile de se montrer plus impolitique, et l'on vit bien lors de la naissance du Dauphin, au mois d'octobre 1781, que si la nation conservait encore en apparence quelque attachement pour la monarchie, le mécontentement et l'hostilité étaient, au fond, ses sentiments dominants. Comme la guerre se prolongeait, Joly de Fleury dut recourir à un emprunt, et ne put le contracter qu'à un taux beaucoup plus onéreux que ceux de Necker. Le Roi publia à cette occasion qu'il s'empresserait, une fois la paix conclue, de procurer à son peuple tous les soulagements qu'il serait en état de lui accorder. Mais cette promesse ne rassura personne; l'on murmurait de la longueur d'une guerre qui aggravait chaque jour les charges publiques, et l'on craignait qu'elle ne fournît un prétexte pour de nouvelles taxations. Ce fut, en effet, ce qui arriva; car peu après, un impôt d'un troisième vingtième sur les biens fut établi et il devait subsister même pendant les trois années qui suivraient la conclusion de la paix. Si le Parlement de Paris ne protesta point, ceux de province, plus jaloux des intérêts du peuple, adressèrent au Roi de vives remontrances, et celui de Besançon faillit même être supprimé; les États de Bretagne se virent également menacés. L'esprit de patriotisme et de résistance allait se réveiller chez les magistrats et provoquer une fermentation populaire, lorsque la paix fut faite (septembre 1783). Louis XVI déclara aussitôt qu'il aviserait aux moyens de supprimer une partie des impôts, et le renvoi de Joly de Fleury parut corroborer cette affirmation. Fleury fut remplacé par un jeune conseiller d'État, d'Ormesson, pour lequel on rétablit le titre de contrôleur général. D'Ormesson, qui n'avait aucune aptitude financière, se mit à l'œuvre avec l'intention d'étudier son département, mais il n'en eut pas le loisir, car il resta à peine six mois en place. Durant cette courte administration, il commit des fautes de toute nature, perdant la tête au milieu du détail infini qui accablait son inexpérience. Il obligea la Caisse d'escompte à verser six millions au Trésor, et comme elle se trouvait hors d'état de rembourser ses créanciers, il l'autorisa à suspendre ses payements et voulut donner aux billets un cours forcé dans le commerce. Enfin il cassa le bail des fermes en vue d'établir une régie. Ces mesures le rendaient impopulaire; les railleries des courtisans et des privilégiés, dont les obsessions ne pouvaient triompher de son intégrité, le couvrirent de ridicule, et Vergennes le fit congédier.

Le choix de son successeur ne fut pas chose facile; M. de Castries parla encore au Roi de la nécessité de rappeler Necker, mais les insinuations perfides de Vergennes avaient laissé dans l'esprit de Louis XVI une trace profonde. Il se refusa à cet acte de sagesse qui lui eût épargné les tristes ministères de Calonne et de Brienne. Ce fut Calonne qu'il choisit sur les pressantes recommandations de la Reine et du comte d'Artois. Calonne s'était signalé sous Louis XV par le rôle qu'il avait joué dans l'affaire de La Chalotais, et il avait la réputation d'un prodigue sans moralité. Maurepas, qui ne manquait cependant pas d'indulgence, le regardait comme un fou et un panier percé et l'avait toujours obstinément tenu à l'écart. Calonne était d'ailleurs aimable, spirituel et séduisant; habile et fécond en ressources, il se jouait des difficultés avec une dextérité trompeuse et charmait tout le monde par son affabilité et ses complaisances. En prenant le contrôle général, il ne s'abusait point sur la situation financière de l'État; il savait qu'il n'y avait plus ni argent ni crédit et qu'une réforme radicale était inévitable. Mais il n'ignorait pas aussi ce que ses protecteurs attendaient de lui et, pour satisfaire à leur cupidité, il acheva gaiement la ruine des finances, dépensant sans compter pour paraître riche et trompant ainsi le public pour emprunter plus facilement. Il paya d'abord les dettes du Roi et de ses frères, fournit largement à la dépense de leur maison, acquit pour Marie-Antoinette le château de Saint-Cloud au prix de 15 millions et celui de Rambouillet pour Louis XVI, à peu près au même prix. Il tint bourse ouverte aux courtisans et aux femmes, rétablit les offices supprimés et augmenta le chiffre des pensions. Les grands seigneurs et les financiers, dont il était la Providence, le regardaient comme un ministre modèle. Le public même, auquel il était suspect, lui rendit son estime et sa confiance en le voyant chasser quelques commis du contrôle général coupables de malversations notoires, protéger les manufactures et entreprendre à Paris et dans les principales villes du royaume d'utiles et importants travaux.

Aussi lorsque, pour éviter de nouvelles taxes qui eussent provoqué des murmures, il ouvrit, sous forme de loterie, un emprunt à des conditions fort avantageuses pour les prêteurs, il obtint plus d'argent qu'il n'en demandait, et au premier tirage il paya intégralement tous les lots. La caisse d'amortissement qui devait, affirmait-il, permettre d'éteindre toute la dette en vingt-cinq années, fut encore un expédient de son esprit inventif. On ne se doutait guère, dans le public, de toutes ses prodigalités, ni des moyens occultes dont il usait pour les soutenir; car en dehors de ses emprunts, il eut recours aux anticipations, et, en pleine paix, il dépensa en trois années plus de sept cents millions. Mais le dénouement de cette folle aventure approchait. Au mois de janvier 1785, Calonne dut ouvrir un nouvel emprunt de 125 millions à des conditions si onéreuses pour l'État que le Parlement et la Chambre des comptes ne purent s'empêcher de protester. Le crédit de Calonne reçut un coup plus grave par la publication du livre de Necker sur l'Administration des finances, *dans lequel l'ancien directeur du Trésor démontrait par des chiffres positifs l'accroissement que la dette publique avait subi depuis sa disgrâce. Calonne répondit en payant d'audace; il fit courir le bruit que ce livre allait être dénoncé au Parlement comme tendant à répandre injustement l'alarme dans l'esprit du peuple.*

Il réussit aussitôt après à obtenir de l'Assemblée générale du clergé un crédit de dix-huit millions, entreprit une refonte de l'or monnayé et ouvrit un nouvel emprunt de quatre-vingts millions.

Mais comme pour calmer les défiances du public il était nécessaire de payer d'audace, il renouvela dans le préambule de l'édit les affirmations les plus fallacieuses et déclara que si l'on empruntait encore, c'était pour solder toutes les dettes arriérées, qui seraient définitivement réglées en 1786. L'effronterie du ministre n'avait d'égale que sa duplicité; le Parlement de Paris toutefois ne se laissa pas convaincre et il fallut un ordre formel de Louis XVI pour obtenir l'enregistrement de l'édit. Les Parlements de province, suivant cet exemple, commencèrent à résister énergiquement à la volonté royale et aux ordres du ministre.

Tandis que le pouvoir revenait aux procédés arbitraires du dernier règne, les esprits se détachaient de lui chaque jour davantage, ainsi que le prouva la scandaleuse Affaire du collier. *Le 15 août 1785, le cardinal de Rohan, évêque de Strasbourg, grand aumônier de France et ancien ambassadeur à Vienne, avait été arrêté à Versailles, en habits pontificaux, au moment où il allait célébrer la messe, et traduit devant le Parlement. Il était accusé d'avoir attenté à la majesté royale, en usurpant le nom de la Reine, pour acheter à crédit, au joaillier de la couronne Bœhmer, un collier de diamants du prix de 1,400,000 francs.*

Dans cette affaire, le cardinal avait été dupe d'une habile aventurière, la comtesse de Lamotte-Valois, qui s'était présentée à lui comme l'amie de la Reine et avait exploité sa crédulité et son ambition pour le décider à l'achat du fameux collier, qu'elle avait résolu de s'approprier. Ce prélat sans religion, dépensier et libertin, ne méritait guère d'intérêt; mais le public était si violemment déchaîné contre la Reine que l'on en vint à le considérer comme une victime injustement persécutée. Durant les neuf mois que dura le procès, l'opinion ne cessa de tirer parti des moindres apparences pour attribuer un rôle actif à Marie-Antoinette dans cette honteuse intrigue.

Aussi l'arrêt du Parlement qui acquitta l'accusé fut-il accueilli avec un enthousiasme universel, et le cardinal rentra à son hôtel au milieu des applaudissements de la multitude. Bien que la comtesse de Lamotte eût été condamnée à être marquée d'un fer rouge, fouettée publiquement et enfermée à Bicêtre, l'acquittement de Rohan et les ovations populaires dont il avait été l'objet furent pour la Reine un sanglant outrage et donnèrent libre carrière aux imputations les plus odieuses.

Durant ces tristes évènements, les embarras financiers de Calonne s'étaient accrus, les illusions du public s'étaient dissipées et le contrôleur général avait épuisé toutes les ressources et usé de tous les expédients du charlatanisme. Il fut donc contraint de faire au Roi l'aveu de la triste situation dans laquelle il se trouvait, de l'état du Trésor et de l'énormité du déficit. Mais, par une singulière vanité, il se crut encore capable d'arracher la France à la ruine que ses prodigalités avaient préparée, et il soumit au monarque un plan à l'aide duquel il comptait réparer toutes ses fautes. « Mais c'est du Necker que vous m'apportez là ! » s'écria Louis XVI. « Sire, lui répondit Calonne, dans l'état des choses, on ne peut rien vous offrir de mieux. » Il était ainsi ra-

mené par la nécessité aux idées de Turgot et de Necker et n'entrevoyait qu'un seul moyen de salut, la réformation de tout ce qu'il y avait de vicieux dans la constitution de l'État. Attaquant le premier et le plus grave de tous les abus, l'inégalité des charges, il remaniait de fond en comble le système d'impôts en vigueur, supprimait les douanes intérieures, abolissait la corvée et, par divers retranchements, réduisait les dépenses de vingt millions. Enfin il proposait d'étendre à tout le royaume l'institution des assemblées provinciales qui devaient contribuer dans une large mesure au succès des réformes projetées.

Calonne ne se dissimulait point que la cour, le Parlement et le clergé opposeraient une vive résistance à l'accomplissement de son plan; mais il résolut de déjouer cette opposition en empruntant au passé politique de la France un expédient inattendu. Il imagina de convoquer une assemblée de Notables pour lui soumettre ses projets, avec la pensée que s'il obtenait son approbation, toute résistance serait écartée et que la puissance du Parlement recevrait un coup accablant. Il fit accepter ce projet à Louis XVI et à Vergennes, sans leur révéler ses motifs, et la réunion des Notables fut fixée au 29 janvier 1787. Cette mesure provoqua dans le royaume une vive sensation et augmenta les défiances du public, qui devinait que le besoin d'argent seul avait poussé le ministre à une résolution aussi extraordinaire.

Ce fut le 22 février que l'assemblée se réunit à Versailles, à l'hôtel des Menus; le Roi vint lui-même présider la première séance et, après qu'il eut rappelé dans une courte allocution son amour pour ses peuples, le contrôleur général retraça avec une brutale franchise la triste situation des finances, déclarant qu'il n'y avait qu'un seul moyen d'y remédier, la réforme des abus ; et il exposa le détail de ses projets.

Les Notables les examinèrent avec attention et intérêt ; ils consentirent sans peine à l'institution des assemblées provinciales et à la suppression de la corvée. Mais ils se refusèrent énergiquement à accorder la subvention territoriale, soit en argent, soit en nature, que Calonne voulait exiger d'eux, et, pour éluder cette demande, ils exigèrent la communication des états de recettes et de dépenses du Trésor. Calonne, qui s'attendait à plus de docilité, répondit de son air hautain que les Notables avaient à se prononcer sur la forme et non sur le fond de l'impôt. L'assemblée protesta, déclarant que plutôt que d'obéir elle réclamerait la convocation des États-Généraux, et comme le ministre essayait de soulever contre elle l'indignation publique, elle n'hésita pas à appeler l'attention du Roi sur les dilapidations dont il s'était rendu coupable. Louis XVI, obligé de se rendre à l'évidence, disgracia Calonne et l'exila en Lorraine par lettre de cachet.

Le contrôle général fut alors confié à un vieux conseiller d'État, Fourqueux, homme sans conséquence, qui resta à peine trois mois en fonctions et fut remplacé par Laurent de Villedeuil. Mais le véritable maître de la situation était désormais l'archevêque de Toulouse, Loménie de Brienne, que Louis XVI, cédant à l'influence de Marie-Antoinette, avait nommé chef du Conseil des finances. Dans l'assemblée des Notables, Brienne s'était montré l'adversaire résolu de Calonne, avec le désir d'occuper sa place et il avait réussi. Mais une fois au pouvoir, il ne put que reprendre les projets de son prédécesseur, qu'il avait si amèrement décriés, et sollicita le vote de la subvention territoriale et de l'impôt du timbre. Les Notables protestèrent contre cette conversion inattendue de leur collègue et se refusèrent à faire peser sur le pays de nouvelles charges. Ils se séparèrent le 25 mai, laissant les choses à peu près dans l'état où ils les avaient trouvées. Mais leurs délibérations et leur résistance aux projets des ministres ne restèrent point sans influence sur la marche des évènements, et l'idée de convoquer les États-Généraux, émise par quelques-uns d'entre eux, envahit désormais les esprits et précipita la solution impatiemment attendue.

Débarrassé des Notables, Brienne se retrouva en présence du Parlement, dont l'hostilité devait lui être funeste. Par la nature de ses attributions, le Parlement pouvait seul consacrer les actes du gouvernement et leur donner force de loi. Il accepta et enregistra sans opposition les édits qui lui furent d'abord soumis sur la corvée, les assemblées provinciales et le commerce des grains. Mais pour l'édit du timbre, il en demanda le retrait pur et simple ; le Roi insista, et le Parlement répondit par des remontrances, en déclarant que la nation seule était en droit d'accorder les subsides nécessaires et en réclamant la convocation des États-Généraux.

La cour, résolue à ne pas céder sur ce point, recourut à la violence, et les édits du timbre et de la subvention territoriale furent enregistrés le 6 août, dans un lit de justice tenu à Versailles. Le lendemain, un arrêt des magistrats qualifia l'enregistrement de nul et d'illégal, et cet arrêt fut renouvelé lors de la publication des édits; on exila aussitôt le Parlement à Troyes. La lutte engagée entre la magistrature et le ministère suscita dans Paris une vive agitation, et il fallut prendre des mesures militaires pour prévenir des troubles imminents. Brienne, qui avait concentré le pouvoir dans ses mains en se faisant nommer principal ministre, se crut assez habile et assez fort pour pacifier les esprits et ramener le calme. Il entra en pourparlers avec le Parlement et lui fit accepter une transaction aux termes de laquelle le second vingtième, qui expirait en 1790, étant prorogé de deux ans, le Roi retirait les édits et rappelait les exilés. Mais la prorogation imaginée par le ministre n'offrait qu'une ressource pour l'avenir et ne remédiait en rien aux difficultés financières du moment.

Brienne résolut alors d'ouvrir un emprunt de quatre cent vingt millions, réalisable en cinq ans. Pour en assurer le succès, il promettait de réunir les États-Généraux en 1792, et accordait l'état civil aux protestants. Bien qu'il eût gagné par ses intrigues un certain nombre de conseillers, il voulut dominer le Parlement par la présence du monarque. Le 19 novembre, Louis XVI se rendit en conséquence au Palais, et comme les débats devenaient orageux, il transforma la séance en lit de justice et imposa l'enregistrement. L'assemblée entière murmura, et le duc d'Orléans protesta hautement contre cette illégalité; le lendemain, il fut exilé à Villers-Cotterets, et deux magistrats qui avaient suivi son exemple furent arrêtés. Mais la résistance des Parlementaires compromettait le succès de l'emprunt projeté et la situation devenait alarmante pour le gouvernement. Brienne, que dominait le souci de ses intérêts personnels et qui s'était surtout préoccupé d'accumuler sur sa tête les richesses et les honneurs, s'effraya de la gravité du danger; il comprit qu'il fallait triompher par un coup de force de la résistance de ses adversaires, s'il ne voulait pas être leur victime. Il se vit donc obligé comme Maupeou à un coup d'État, et le dissimula, comme lui, sous une apparence de réforme de l'ordre judiciaire. Les magistrats eurent vent du complot tramé contre eux et protestèrent d'avance en rappelant, dans une sorte de manifeste, les principes constitutifs de la monarchie. La cour, irritée de cet acte solennel, donna ordre d'arrêter les auteurs présumés de la déclaration, Goislard de Montsabert et d'Esprémesnil; ceux-ci cherchèrent un refuge dans le sein même du Parlement qui, pendant trente heures, refusa noblement de les livrer. Deux jours après, le 6 mai 1788, les magistrats, mandés à Versailles, durent enregistrer sans discussion, dans un lit de justice, les six édits qui consacraient les réformes projetées par Brienne. En vertu de ces édits, le Parlement était dépouillé de son droit d'enregistrement, c'est-à-dire de sa puissance politique, et ce droit passait à une cour plénière composée d'évêques, de seigneurs, de conseillers d'État et de la Grand'Chambre. En même temps, et pour dissimuler au public toute la gravité de cette mesure, de sérieuses réformes étaient introduites dans la *hiérarchie et les circonscriptions judiciaires et dans la justice criminelle.*

Mais les précautions de Brienne furent vaines; l'opinion ne prêta aucune attention aux réformes et ne se préoccupa que du coup d'État dirigé contre le Parlement, que ses derniers actes avaient posé en défenseur de l'intérêt public. Des protestations violentes s'élevèrent de toutes parts; les Parlements de province déclarèrent infâmes et traîtres à la patrie ceux qui se conformeraient aux édits, et des troubles se produisirent dans le Dauphiné, la Provence, le Languedoc, le Roussillon et la Bretagne. La révolte se multipliait sur tous les points du royaume; la noblesse et le clergé faisaient cause commune avec le peuple pour la défense des magistrats. Brienne, qui prétendait avoir tout prévu, même la guerre civile, ne se rendit pas encore compte de son impuissance et crut apaiser l'effervescence populaire en promettant la convocation des États-Généraux pour le 1er mai 1789. Ce faisant, il comptait bien semer la division parmi les trois ordres et constituer entre eux un antagonisme qui lui permettrait de satisfaire la bourgeoisie aux dépens des classes privilégiées et de conserver intacts les droits et prérogatives de la couronne. Mais il ne garda pas le pouvoir, comme il s'en était flatté; la réprobation universelle qui pesait sur lui s'étant encore accrue, lorsqu'il suspendit pour six semaines les payements de l'État, il fut abandonné à la cour de ses derniers partisans et dut adresser sa démission au Roi (25 août 1781).

Tandis que Paris et la France entière accueillaient avec enthousiasme la nouvelle de ce départ et que le *peuple brûlait en effigie l'archevêque et le garde des sceaux, Necker rentrait enfin au Conseil. Mais il était trop tard pour renouer la chaîne de son premier ministère et reprendre son œuvre au point où il l'avait laissée. Son unique ambition désormais devait être de réparer les fautes accumulées par Calonne et par Brienne, et de soulager la misère publique. La confiance qu'il inspirait était telle que les affaires prirent, en un instant, une face nouvelle; les fonds d'État remontèrent et le crédit public se releva.*

Necker trouva sans difficulté l'argent nécessaire pour parer aux besoins les plus pressants du Trésor, il conjura la banqueroute qui paraissait inévitable, révoqua les édits de Brienne et rappela les Parlements. La nation, rassurée, reporta alors toute son attention sur la convocation prochaine des États-Généraux qui soulevait des questions complexes et difficiles à résoudre. Trois points surtout préoccupaient les esprits: le mode de représentation et de votation des trois ordres, la rédaction des cahiers, l'élection des députés. Le Parlement de Paris venait de ruiner sa popularité en demandant que les formes observées lors des États, en 1614, fussent encore suivies. *Aussi Necker refusa-t-il de rien décider par lui-même et convoqua, le 6 novembre, une assemblée de Notables qui devait, dans sa pensée, donner satisfaction aux vœux publics. Mais les Notables trompèrent son attente et ne voulurent point toucher aux formes traditionnelles. Le gouvernement dut alors régler lui-même tous les points sur lesquels il les avait consultés, et établir notamment que le Tiers-état aurait autant de dé-*

putés que les deux autres ordres réunis. Le règlement pour la convocation des États fut publié le 24 janvier 1789; les élections, commencées aussitôt, durèrent plusieurs mois et produisirent des manifestations tumultueuses dans la plupart des provinces. Enfin le 5 mai eut lieu, à Versailles, l'ouverture solennelle de ces États auxquels était réservé l'honneur d'inaugurer dans notre histoire nationale une nouvelle période. La Révolution, inévitable, prévue et attendue de tous, que les grands esprits du siècle avaient préparée et que les fautes et les vices du pouvoir avaient rendue nécessaire, allait s'accomplir. Les États-Généraux, transformés en Assemblée nationale, devaient supprimer résolument un ordre de choses désormais incompatible avec les progrès de l'esprit public et substituer à la royauté féodale et absolue une monarchie constitutionnelle.

ANNÉE 1774

LE NOUVEAU RÈGNE[1]

Louis vient de descendre au tombeau de ses pères,
Au vainqueur de la France, à l'ami de la paix,
    Nous donnons des larmes sincères.
    Mais au milieu de tes regrets,
France, lève la tête et vois ton maître auguste
    Qui s'annonce par des bienfaits[2],

---

1. Le libraire Hardy constate, dans son *Journal*, que parmi la multitude de pièces de vers composées à la louange de Louis XVI qui se répandaient journellement, soit imprimées, soit manuscrites, celle-ci, dont l'auteur était Saurin, de l'Académie française, fut particulièrement remarquée. Ces témoignages d'enthousiasme lui inspirent une réflexion judicieuse : « Le Parisien, écrit-il, toujours prompt et facile à se prévenir, n'apercevait encore qu'un jeune arbre qui lui paraissait chargé de fleurs, et déjà il exaltait la douceur et l'excellence de ses fruits. »

2. Louis XVI inaugura son règne par un trait de générosité qui était en même temps une marque de piété filiale envers son aïeul défunt. Le matin même du jour où

Et jure entre tes mains d'être économe et juste.
Si jeune sur le trône et commandant à tous,
Qu'il est beau de savoir commander à soi-même !
De cette gloire, hélas ! peu de rois sont jaloux ;
Il en est cent qu'on craint pour un seul que l'on aime.
C'est vous que j'en accuse, infâmes séducteurs,
  Qui par une coupable adresse,
Des rois, pour les corrompre, étudiant les cœurs,
Du suprême pouvoir y nourrissez l'ivresse,
Et mettez à profit leur honte et nos malheurs.
Tu confonds d'un regard ces vils empoisonneurs,
Jeune Roi ! sans orgueil, ainsi que sans faiblesse,
Tu sais que nés mortels, formés du même sang,
  Nos maîtres sont ce que nous sommes ;
  Qu'élevés dans le plus haut rang,
  Leur plus beau titre c'est d'être hommes,
Que la plus belle gloire est de s'en souvenir.
Déjà plein d'un espoir que tu ne peux trahir,
De ton règne naissant chacun bénit l'aurore.

il fut proclamé roi, il écrivit à l'abbé Terray : « Monsieur le contrôleur général, je vous prie de faire distribuer deux cent mille livres aux pauvres des paroisses de Paris pour prier pour le Roi. Si vous trouvez que ce soit trop cher, vu les besoins de l'État, vous le retiendrez sur ma pension et sur celle de Madame la Dauphine. »

« Quelque peu de foi que l'on ait aux oracles, observait à ce propos l'auteur de la *Correspondance littéraire*, peut-on la refuser à celui-ci ? Tout Paris a été transporté et attendri jusqu'aux larmes. On a trouvé dans cette lettre, dont le style rappelle si bien celui de Henri IV, l'expression la plus vive et la plus sensible d'une piété vraiment filiale et d'une attention paternelle aux besoins du peuple. »

Un peuple aimable et doux, pressé d'aimer ses rois,
Au-devant de tes pas vole en foule et t'adore,
L'amour de mille voix ne forme qu'une voix.
Poursuis, et sur nos cœurs exerce un doux empire ;
La France a dans son sein vingt millions d'enfants ;
Quelle gloire pour toi si bientôt tu peux dire :
Je les rends tous heureux et je n'ai que vingt ans.

UN ROI DE VINGT ANS[1]

Or écoutez, petits et grands,
L'histoire d'un roi de vingt ans,
Qui va nous ramener en France
Les bonnes mœurs et l'abondance.
D'après ce plan que deviendront
Et les catins et les fripons ?

S'il veut de l'honneur et des mœurs,
Que deviendront nos grands seigneurs ?
S'il aime les honnêtes femmes,

---

1. « M. Collé, l'amphigouriste, ainsi nommé à cause des chansons de ce genre dans lequel il excelle, vient d'en faire une sur le nouveau roi. Quoique, en général, tout ce qui est éloge soit assez fade, comme, à l'occasion de celui-ci, il fait une satire vive de la cour et de nos mœurs, elle est très piquante. » (*Mémoires de Bachaumont.*)

Que feront tant de belles dames?
S'il bannit les gens déréglés,
Que feront nos riches abbés?

S'il dédaigne un frivole encens,
Que deviendront les courtisans?
Que feront les amis du prince,
Autrement nommés en province[1]?
Que deviendront les partisans
Si les sujets sont ses enfants?

S'il veut qu'un prélat soit chrétien,
Un magistrat homme de bien,
Combien de juges mercenaires,
D'évêques et de grands vicaires,
Vont changer de conduite? *Amen!*
Domine, salvum fac regem.

PANÉGYRIQUE DE LOUIS XVI

A ce roi né pour l'exemple
Et le bonheur des Français,
Peuples, élevez un temple
Et gravez-y ses bienfaits;

---

1. Les macq..... (M.)

Puisse en être la prêtresse
Et lui porter tous nos vœux,
Cette charmante princesse
Qui le rend lui-même heureux[1].

Il est clément, il est juste[2],
Il est sage autant que bon ;
Il a les vertus d'Auguste,
Lorsqu'il en quitte le nom [3] ;
Mais ce titre à la romaine

---

1. « La nature avait formé Marie-Antoinette pour être assise sur un trône. Une taille majestueuse, une beauté noble, une manière de porter sa tête difficile à dépeindre, inspiraient le respect. Ses traits, sans être réguliers, avaient, ce qui vaut mieux, un agrément infini. La blancheur de son teint les embellissait et donnait à son visage un éclat éblouissant. Les manières les plus séduisantes ajoutaient encore à tant de charmes ; et, dans cette première fleur de sa jeunesse, l'élégance et la vivacité de ses mouvements, la franche et naïve expression d'un bon cœur et d'un esprit naturel avaient de quoi plaire particulièrement aux Français d'alors. Elle charma son époux, le Roi, et sa famille, la cour et la ville, les grands et le peuple, tous les sexes et tous les âges. » (*Mémoires de Weber.*)

2. « De la manière dont parlait tout le monde, on ne pouvait que concevoir les plus douces espérances sur le gouvernement du jeune monarque qui paraissait avoir les meilleures intentions, se proposant d'embrasser les plus sûrs moyens de réparer tous les maux faits sous le règne de son prédécesseur par trop de mollesse et trop de condescendance. Il voulait, assurait-on, être surnommé *Louis le Sévère ;* il ne restait plus qu'à désirer que sa sévérité pût être toujours guidée par la justice. » (*Journal de Hardy.*)

3. Le nouveau roi se nommait Auguste, étant Dauphin. (M.)

Dont il est si peu jaloux,
Il faut bien qu'il le reprenne
Quand nous le lui rendons tous.

Tout s'ennoblit, tout s'épure,
Tout s'agrandit sous ses lois;
Au vice il rend sa roture,
A l'honneur il rend ses droits;
Il rétablit à Versailles
Et la décence et les mœurs [1],
Et déjà même Noailles
Dit du bien des grands seigneurs.

Viens, déité de la France,
Gaîté de nos bons aïeux,
Non celle dont la Régence
Arma les caustiques jeux;
Mais toi, dont fut le modèle
Le bien-aimé de Paris,

---

1. Ces réformes toutes morales, les seules qui eussent encore signalé le nouveau règne, ne pouvaient satisfaire qu'à demi ceux qui attendaient impatiemment la disgrâce des ministres du feu Roi et la suppression du *Parlement Maupeou*.

« On commençait à se persuader (peut-être y avait-il de la témérité dans ce jugement) que tout ce que l'on aurait gagné à changer de maître, ce serait un peu plus de décence dans les mœurs et un peu plus d'économie dans l'administration des finances; au surplus, devait-on regarder cela comme peu de chose? Quoi qu'il en fût, les poètes du temps ne laissaient pas de prendre la lyre et de chanter les louanges du nouveau monarque. » (*Journal de Hardy.*)

Qui tutoyait Gabrielle
Et jurait ventre-saint-gris.

Déjà je vois reparaître
Maurepas, ton favori [1],
Jadis l'ami de son maître
Et le fléau de l'ennui ;
On sait qu'il perdit sa place
Un beau jour pour avoir ri
Et que pendant sa disgrâce
Tu fus toujours avec lui.

Ministres, laissez-moi rire,
La Reine nous l'a permis ;
Ne craignez point la satire
Et vivez tous bons amis ;
La triste philosophie

---

1. Maurepas, comme on l'a déjà dit (Cf. t. VII, p. 146), avait été victime de sa malignité envers Mme de Pompadour. Louis XVI ne vit en lui qu'un ministre injustement disgracié, et, poussé par ses tantes, il s'empressa de le rappeler dès son avènement au trône. Le 12 mai, il lui écrivait de Choisy la lettre suivante :

« Dans la juste douleur qui m'accable et que je partage avec tout le royaume, j'ai de grands devoirs à remplir. Je suis roi : ce nom renferme bien des obligations ; mais je n'ai que vingt ans, et je n'ai pas les connaissances qui me sont nécessaires. Je ne puis travailler avec les ministres, tous ayant vu le Roi pendant sa maladie. La certitude que j'ai de votre probité et de votre profonde connaissance dans les affaires m'engage à vous prier de m'aider de vos conseils ; venez donc le plus tôt qu'il vous sera possible. Sur ce..., etc... Louis. »

La pelle au c..,
C'est donc pour vous, troupe félone[1] ;
La pelle au c..,
Voilà ce qui vous était dû ;
Amis, gaîment vidons la tonne,
Puisqu'à tous les coquins l'on donne
La pelle au c...

Il était temps
De secourir la pauvre France,
Il était temps
De la délivrer des tyrans ;
Après dix ans de pénitence,
De lui rendre enfin l'espérance,
Il était temps.

Vive le Roi !
A ses travaux le ciel préside,
Vive le Roi !
Notre bien-être fait sa loi ;
C'est la prudence qui le guide[2] ;

1. Les membres du Parlement Maupeou dont la suppression paraissait désormais assurée.
2. Le *Journal de Hardy*, écho fidèle de l'opinion publique, nous montre comment étaient appréciés le caractère et les tendances du Roi : « On assurait que le jeune monarque, qui s'était montré si prudent étant encore Dauphin, ne paraissait pas moins réservé depuis que la couronne avait passé sur sa tête. On ne pouvait le pénétrer sur tout ce qu'il se proposait de changer ou d'entreprendre, et l'on se persuadait assez volontiers que, pénétré de cette sage maxime *Festina lente,* il ne voulait faire

Rassurons-nous sous cette égide,
Vive le Roi !

COMMANDEMENTS DU ROI

A SON GARDE DES SCEAUX [1]

Ton seul prince tu serviras,
Après les lois premièrement.

aucune démarche qui ne fût le résultat de la plus mûre délibération..... On continuait de parler très avantageusement du caractère et des dispositions naturelles du jeune Roi, sans qu'on vît pourtant encore la moindre chose qui pût indiquer sa façon de penser par rapport à l'expulsion des anciens magistrats..... On imaginait cependant devoir espérer quelque chose d'un prince qui se montrait si bien, puisque, aussitôt instruit de la mort de son prédécesseur, il s'était écrié, disait-on, qu'il sentait tout le poids de l'énorme fardeau qui lui tombait sur les épaules ; et, paraître le sentir, n'était-ce pas s'annoncer bien digne de le porter ; puisqu'on assurait, d'ailleurs, qu'il s'était exprimé en ces termes remarquables devant les personnes dont il avait d'abord fait choix pour le guider dans ses premières démarches : *Je sais bien tout ce que je désirerais faire, mais j'ignore ce que je dois faire, et je m'appuie sur vos conseils.* Tout le monde s'accordait en outre à dire que ce nouveau monarque était pourvu de trois qualités infiniment précieuses et des plus essentielles dans un souverain pour le bonheur de son peuple : l'amour de la justice, l'économie et la pureté des mœurs. »

1. « On a fait des *Commandements du Roi à son garde des sceaux*. On voit aisément qu'ils sont calqués sur ceux

Jamais ne te parjureras,
Comme Maupeou vilainement.

Les sceaux, de ton mieux garderas
En les appliquant justement.

Le Parlement rétabliras
Pour exister plus longuement.

Charges point ne supprimeras
Qu'en remboursant loyalement.

Toujours la vérité diras
Sans crainte aucune absolument.

Paillard honteux toujours seras
Puisque ne peux être autrement.

Mais avec ta femme vivras
Pour bon exemple seulement [1].

de *Henri IV à son petit-fils*. Cependant ils contiennent quelques anecdotes relatives à ce chef actuel de la justice, qui les rendent précieux. » (*Mém. de Bachaumont.*)

1. « Pour l'intelligence de ceci, il faut savoir que M. de Miroménil a été obligé de faire enfermer sa femme pour ses dérèglements. » (*Mém. de Bachaumont.*)

Armand-Thomas Hue de Miroménil, premier président du Parlement de Rouen, avait été dépossédé de son siège, en 1771, lors du coup d'État de Maupeou. La disgrâce le rapprocha de Maurepas, qui vivait exilé à Pontchartrain, et dont l'amitié lui valut la charge de garde des sceaux. (24 août 1774.)

Tous ses travers excuseras,
Pour qu'on l'excuse également.

Ainsi glorieux tu seras
Dans l'histoire éternellement.

LETTRE DU ROI

A L'ARCHEVÊQUE DE PARIS [1]

Après la Saint-Martin,
  Mon cousin,
Le Parlement déniche
Et fait place à l'ancien
Qui l'envoi faire fiche,
  Mon cousin.
Voilà mon cousin, l'allure,
  Mon cousin,
Voilà mon cousin, l'allure.

Entrez dans les raisons
Qui me font le détruire;

---

[1]. Cette pièce est une réponse à la lettre que l'archevêque avait écrite au Roi pour protester contre le rappel projeté de l'ancien Parlement, auquel il ne pardonnait pas son zèle janséniste.

Ce sont tous des fripons
Qui ne savent pas lire.

De ce corps avoir soin,
Sera charité pure;
Vous êtes son soutien,
Lui votre créature.

Petit, Corps, Bileheu, Gin [1],
Feront triste figure,
Sans honneur et sans pain.
La cruelle aventure.

Tonsurez le dragon [2],
Qu'en l'église on le place.
Il porte mal, dit-on,
La robe et la cuirasse.

De tout cœur je le plains,
    Mon cousin,
Et vous le recommande ;
A chacun d'eux enfin,
Donnez une prébende,
    Mon cousin.
Voilà mon cousin, l'allure,
    Mon cousin,
Voilà mon cousin, l'allure.

1. Noms de quatre des conseillers réformés. (M.)
2. M. le président de Nicolaï, ci-devant colonel de dragons. (M.)

ÉDIT DU ROI[1]

De par le roi, Louis-Auguste,
Louis, soi-disant bien-aimé,
Soit à tout jamais diffamé

1. Satire composée à l'occasion de la suppression du Parlement Maupeou. — Dès la fin du mois de septembre, les membres de l'ancien Parlement avaient été rappelés à Paris, et le 12 novembre le Roi alla tenir au Palais un lit de justice pour les rétablir dans leurs fonctions. « Il déclara aux princes et aux pairs qu'il avait résolu de rappeler l'ancien Parlement et de faire un grand Conseil du nouveau. Ensuite il fit entrer l'ancien Parlement qui attendait dans la chambre Saint-Louis, il le rétablit dans ses fonctions, et sans récriminer sur le passé, il parla avec fermeté sur le zèle et sur l'obéissance qu'il attendait à l'avenir. M. de Miroménil lut ensuite un édit où plusieurs articles regardaient la circonstance présente ; ceux de police disaient en substance que l'assemblée des Chambres ne pourrait plus avoir lieu que hors des heures de service ordinaire... A l'égard des remontrances, le Roi en confirmait le droit, enjoignant en même temps d'enregistrer, si Sa Majesté ne trouvait pas les raisons assez fortes pour changer quelque chose à ses édits, déclarations ou ordonnances, avec expresse défense de mettre aucun empêchement à l'exécution de ses volontés ; laissant cependant au Parlement le droit de faire d'itératives remontrances. Le Roi défendait de plus la cessation du service et de donner des démissions en corps sous peine de forfaiture... Quoique tout ce qu'on vient de rapporter ne fût guère du goût du Parlement et qu'en toute autre circonstance cela eût suffi pour lui faire prendre feu et le porter aux dernières extrémités, la situation des choses lui fit dissimuler et même demander l'enregistrement de l'édit. » (*Mémoires du baron de Besenval.*)

Pour son gouvernement injuste :
Soient ses édits comme outrageants
Et faisant méchamment injure
A la sainte magistrature,
Mis avec opprobre au néant.
Tous contumaces et rebelles
Cassés par lui soient rétablis :
Soient renvoyés confus, bannis,
Tous ceux qui lui furent fidèles;
Pour nous et pour nos successeurs,
Disons et nous plaît reconnaître
Le Parlement pour notre maître,
Et nous ses humbles serviteurs :
Pour cet effet, nous, en personne,
Accompagnés de tous nos pairs,
Venons au-devant de ses fers,
Mettre au greffe notre couronne,
Pour qu'aucun ne puisse ignorer
Qu'à nos ordres on ne se prête,
Si notre Parlement n'arrête
Que c'est le cas d'obtempérer.
Contre notre branche royale,
En faveur du duc d'Orléans
Et des princes ses adhérents,
Liberté pleine à la cabale :
Ne voulant toutefois par là
Que notre autorité périsse,
Entendons qu'il nous obéisse
Quand nous ferons ce qu'il voudra,
Si vous mandons qu'en diligence

Le présent vous fassiez tenir ;
Car tel est notre bon plaisir
De n'être roi qu'en apparence,
Sans conseil, et sans chancelier,
Au comité de tout abattre,
L'an mil sept cent septante-quatre
De notre règne, le dernier.

LA DISGRACE

DU PARLEMENT MAUPEOU[1]

Quiconque a besoin de mortier,
Peut voir les consorts de Berthier[2],

---

1. L'enthousiasme provoqué par le lit de justice était général dans la capitale et témoignait du discrédit dans lequel étaient tombés les membres du Parlement Maupeou. « Il n'était guère possible, remarque Hardy, de rendre les démonstrations de joie et d'allégresse qu'on avait vu éclater pendant cette mémorable journée qui se termina tout aussi bien qu'elle avait commencé, puisque le zèle et la satisfaction d'un grand nombre de Parisiens leur inspira d'illuminer encore la façade de leurs maisons dans différents quartiers... Nonobstant les défenses faites par la police on ne laisse pas que de tirer le soir et toute la nuit des fusées en pétard dans la cour du Palais; on y fait aussi des feux de joie et des illuminations en différents endroits. »

2. Berthier de Sauvigny, premier président du Parlement Maupeou.

Leur crieur vient d'apprendre,
Eh bien?
Qu'ils en ont à revendre;
Vous m'entendez bien.

Dans leur état de discrédit,
Chacun revend son bel habit;
Leur figure est trop plate,
Pour porter l'écarlate.

Les pauvres diables sont à bout,
Contraints de faire argent de tout,
Dans ce temps de froidure,
Ils vendent leur fourrure.

Ils méritent bien le mépris
Qu'on a pour eux dans tout Paris;
Trop longtemps la vermine
A logé sous l'hermine.

On est sensible aux accidents
Qu'éprouvent les honnêtes gens;
Mais tous coups sont risibles,
Eh bien?
Sur les inamovibles;
Vous m'entendez bien.

LA

RÉSURRECTION DE HENRI IV[1]

GRACE à ta baguette magique[2],
Paris m'a vu ressusciter,
Je m'habille encor en antique
Mais je sais mieux me présenter;
A l'Opéra-Comique,
Tu m'as contraint de débuter;
Ventre-saint-gris, de mon temps la musique
Était plus facile à chanter.

---

1. « *Henri IV,* drame lyrique en trois actes mêlés d'ariettes, a été représenté pour la première fois à la Comédie italienne, le jeudi 14 novembre. Les paroles sont de M. Du Rozoy, auteur d'un poème intitulé les *Sens* où l'on a trouvé peu de sens et encore moins de poésie. La musique est du sieur Martini, connu par quelques petits airs de l'*Amoureux de quinze ans* qui ont de la grâce et de la gentillesse, mais dont la composition est sans génie et sans goût.

« Cette pièce, qui n'est qu'une espèce de centon de tous les bons mots de Henri IV, souvent mal appliqués et toujours grossièrement enchâssés est presque aussi mal jouée qu'elle est mal faite. » (*Correspondance de Grimm.*) — Bachaumont constate que « cette pièce jouée devant le Roi n'a pas reçu l'approbation de ce monarque. Il a paru scandalisé de la façon peu digne dont l'auteur fait figurer ce prince en plusieurs endroits et S. M. a déclaré que si les représentations n'étaient pas aussi avancées, elle ferait arrêter ce drame lyrique. »

2. C'est Henri IV qui s'adresse à Du Rozoy. (M.)

On a fait une armée entière
De tous les danseurs du canton,
Ils s'en vont soixante à la guerre
Avec des piques de carton;
    Dans le fond des coulisses,
Leur valeur m'entraîne aussitôt,
Ventre-saint-gris, ce n'est qu'à des actrices
Qu'il faut aller livrer l'assaut.

J'ai trouvé, pour ma bienvenue,
Les champs d'Ivry tout parquetés;
Nul canon ne s'offre à ma vue,
Pourtant l'on tire à mes côtés;
    Les boulets invisibles
Frappent l'air à loisir pressé,
Ventre-saint-gris, je les crois peu nuisibles,
Car pas un soldat n'est blessé.

Je te prends sous ma bienveillance,
Mon très cher sire Du Rozoy,
Mais dans la moindre circonstance
Laisse-moi parler comme moi;
    Pour me prouver ton zèle,
Ne me mets jamais en trio[1];
Ventre-saint-gris, ma chère Gabrielle
Ne m'apprenait que des duos.

---

1. Henri IV, dans ce ridicule opéra-comique, ordonnait les dispositions de la bataille d'Ivry en chantant un trio avec les maréchaux d'Aumont et de Biron.

Tu mérites que je t'apprenne
Mon plus agréable secret;
Tu crois m'avoir mis sur la scène
Et c'est mon ombre qui paraît;
Tout entier sur le trône,
J'ai changé de nom seulement;
Ventre saint-gris, Henri quatre en personne,
A rétabli son Parlement.

CARACTÈRE

DE LA NATION FRANÇAISE [1]

Toujours amants, toujours sujets fidèles,
Comme autrefois,
Loyaux, francs et courtois,
Le respect de nos lois,
Le culte de nos belles
Et l'amour de nos rois,
Nous rendent à la fois
Toujours amants, toujours sujets fidèles.

De nos bons rois le seul nom nous enflamme ;
Grands et petits

---

1. Chanson composée à l'occasion de la pièce de *Henri IV*.

Chantent ces noms chéris.
Les cœurs sont attendris,
Nous ne formons qu'une âme :
Parle-t-on de Henri ?
Le plaisir jette un cri,
Tant d'un bon roi le seul nom nous enflamme.

Toujours aimé, toujours, toujours aimable,
Qui fut ainsi?
Parbleu, ce fut Henri ;
Il aurait rétabli
L'âge d'or de la fable ;
Cet heureux âge, ami,
Renaîtra sous Louis,
Toujours aimé, toujours, toujours aimable.

Notre bonheur, Henri, fut le tien même :
Quand sous tes coups
Tombe un parti jaloux,
Alors un jour plus doux
Luit au peuple qui t'aime ;
Eh bien ! ventre-saint-gris,
Comment a fait Louis?
Tout comme Henri, ma foi; c'est tout de même.

Toujours, toujours, l'un agit comme l'autre.
Du bon Henri
Le temps n'est pas fini ;
Tout ranime aujourd'hui
Mon espoir et le vôtre,

Je suis de votre avis,
Laissons faire Louis ;
Un jour, un jour son nom vaudra bien l'autre.

Tout bon Français se choisit une dame.
Toujours Henri
En agissait ainsi ;
Louis éprouve aussi
D'amour la douce flamme ;
Il a donné son cœur,
On connaît son vainqueur :
Il est l'amant, oui, l'amant de sa femme.

Avec deux mots on va peindre Antoinette :
A la beauté
Elle unit la bonté ;
Le Français enchanté
La voit, l'aime et respecte.
Ah ! morbleu, les beaux yeux !
Son cœur vaut encor mieux.
Vive Louis, vive, vive Antoinette !

LE COCHON ALLÉGORIQUE

Du corps inamovible un de nos présidents,
 Que, sauf respect, Berthier on nomme,
 Dans son hôtel avait, depuis quatre ans,
 Petit cochon dont parfois le bonhomme
 Se récréait, quand travaux importants
 Avaient parfois fatigué sa cervelle.
 Douce harangue ou gentille oraison
Il lui faisait : entre eux sympathie était telle
 Que le goret était de la maison
 Le grand ami ; Berthier, comme son frère,
 Le festoyait et lui faisait grand'chère :
  Tous les reliefs il lui portait,
  Partant le drôle profitait,
  Était gras comme père et mère.
  En animal reconnaissant,
En bon cochon il caressait son maître ;
  Puis se vautrait en l'abordant,
  Sitôt qu'il le voyait paraître,
  Sans cesse il lui disait : *hon, hon ;*
  Chacun harangue à sa façon.
  Hon, hon, dans son style veut dire
  Devoir, soumission, respect[1].

---

1. Expressions d'un certain lit de justice, qu'on parodie en cet endroit. (M.)

> Le président, à son aspect,
> En le flattant, daignait sourire.
> L'ami cochon, dans l'hôtel bien traité,
> N'en eût voulu déguerpir de la vie.
> Mais tout prend fin, tout n'est que vanité
> Dans ce bas monde, et liesse est suivie
> De repentir et de soucis cuisants.
> Témoin Berthier qui, pour avoir quatre ans
> Inamoviblement seul rendu la justice,
> N'a pour lui que la honte et le désagrément
> De chercher nouveau logement [1] :
> Il faut du sien qu'il déguerpisse ;
> Ce qu'il fait très doucement.
> Mais son cochon pense autrement :
> Le déloger est la chose impossible ;
> Le drôle se croit bonnement
> Plus que son maître inamovible [2].

1. M. Berthier de Sauvigny, lors de la réintégration du Parlement, a été obligé de quitter l'hôtel de la présidence, et de le rendre à M. d'Aligre. (M.) — « Pour entendre cette plaisanterie, il faut savoir que M. de Sauvigny avait effectivement à la première présidence un petit cochon qu'il aimait et caressait et que cet animal, têtu comme tous ceux de son espèce, a eu beaucoup de peine à en déguerpir lorsque son maître en est sorti. Si la chute du conte n'est pas fort piquante, il y a de la gaîté, de la facilité, du naturel dans la narration qui le font rechercher, indépendamment du sujet qui forme anecdote. » (*Mémoires de Bachaumont.*)

2. Allusion au mot du chancelier, qui dans l'édit de création du Parlement Maupeou, faisait dire au Roi que les nouveaux magistrats seraient *inamovibles*, comme les anciens.

ÉPITRE A MIROMÉNIL[1]

SAGE Miroménil, que le pouvoir suprême
Voulut combler d'honneur pour s'honorer lui-même,
Ah! que ton sort est doux, puisqu'il est mérité!
Tout l'État applaudit à ta prospérité.
Dans son ambition, en vain nourri de brigues,
Un lâche s'agrandit par de viles intrigues;
Cette secrète voix qui tonne au fond du cœur,
L'accable sous sa honte et flétrit sa grandeur.
Ton bonheur est plus pur; dans ta noble carrière
Ton œil peut sans effroi retourner en arrière :
Au sentier de l'honneur tous tes pas imprimés
Nous rappellent partout des abus réprimés,
L'orphelin défendu, la veuve protégée,
Et du vice puissant l'innocence vengée ;
Reçois donc de ma main cet encens qui t'est dû.
Quel autre a plus de droit d'admirer ta vertu?
Jadis, le compagnon, le témoin de ton zèle,

---

1. « Un conseiller au Parlement de Rouen, ancien confrère de M. de Miroménil, a excité sa verve en une aussi belle occasion et lui a adressé une Épitre en vers, où à travers beaucoup d'incorrections dues, sans doute, à l'infidélité des copistes, on trouve de très beaux vers, des images fort poétiques et deux portraits de M. le comte de Maurepas et de M. le Chancelier qui contrastent à merveille par leur vérité. » (*Mémoires de Bachaumont.*)

ARMAND HUE DE MIROMÉNIL
Garde des Sceaux de France
1723 - 1796

E. Rivoalen, sc.   A. Quantin, Imp. Édit.

Je te voyais de près, lorsque ta main fidèle
Soutenait la balance et le glaive des lois,
Ou lorsque déployant ta séduisante voix,
Maître en l'art de parler, par ta flatteuse adresse,
Aux esprits égarés tu rendais la sagesse.
Je crois te voir encor, par des discours vainqueurs,
Enchanter notre oreille et subjuguer nos cœurs.
Ce temps dura trop peu. Bientôt d'affreux orages
Ont sur un ciel serein déployé leurs nuages.
Mais que dis-je? Ces jours sont ceux de ta grandeur.
Oui, sans doute, à ta gloire il manquait le malheur.
Par le choc des revers un cœur noble s'enflamme.
Cet homme et faible et vain, sans ressort et sans âme,
Peut-être eût été grand, sensible et généreux,
Mais il eut le malheur d'être toujours heureux !

D'autres pourront te peindre avec plus d'éloquence,
Présidant un Sénat regretté par la France,
Lui soufflant ton génie et de ce vaste corps
Vers le bonheur public dirigeant les ressorts ;
Mais, moi, je te peindrai, grand, même en ta retraite,
Tranquille, heureux, goûtant dans une paix parfaite
Les délices des arts, les douceurs du repos,
Et loin des dignités, du bruit et des complots,
Habitant fortuné du château de tes pères,
Errant un livre en main dans tes bois solitaires.
Mais l'État te réclame, et du sein de ces bois
On t'appelle aujourd'hui près du trône des lois.
Notre destin par toi voulut enfin s'absoudre :
Aux grandeurs condamné, daigne donc t'y résoudre ;

Immole ton repos à nos pressants besoins.
La France t'attendait : que tes généreux soins
Lui rendent et sa force et sa splendeur auguste.
Ce corps majestueux, si sain et si robuste,
Put languir, accablé par des coups rigoureux ;
Tu parais, il s'élève, et bientôt vigoureux,
Que ne devra-t-il pas au médecin habile
Qui tend une main prompte à sa grandeur débile ?
Je ne te promets point la faveur de ton Roi,
De l'or, des dignités. Que seraient-ils pour toi ?
Nos cœurs, voilà ton prix. Malheureux un ministre
S'il s'annonce à l'État comme un astre sinistre.
Qu'il verse, comme toi, ses rayons bienfaisants ;
D'infâmes ennemis, d'avides courtisans
Pourront tromper son maître et monter à sa place,
Mais les regrets publics vengeraient sa disgrâce.
On emporte en quittant, dans son cœur satisfait,
Nos vœux, sa propre estime et le bien qu'on a fait.

Enfin arrive un jour, qu'appelé par son maître,
Après sa longue éclipse on le voit reparaître ;
Alors servant l'État sans lui rien demander,
Lui désignant les chefs sans vouloir commander,
Il appelle aux honneurs la vertu, la prudence,
Et voit son Roi s'armer de son expérience ;
Tout bénit son retour. Tel un fleuve fécond,
Quelquefois englouti dans un gouffre profond,
Se perd, et pour un temps disparaît sous la terre ;
Mais bientôt, s'échappant du cachot qui l'enserre,
Il se montre, et grossi par de nouvelles eaux,

Il porte aux champs des sucs et des bienfaits nouveaux :
D'un ministre chéri telle est l'heureuse image.

Tel n'est point ton destin, toi, l'horreur de ton âge[1] !
Qui comme un songe vain regardes la vertu,
Ministre corrupteur autant que corrompu !
Des valets, des flatteurs, d'odieuses richesses,
De l'impure Phryné les vénales caresses,
Voilà donc pour quels biens, foulant aux pieds l'honneur,
Sans pudeur sur le front, sans pitié dans le cœur,
Tu ris des vains soupirs des peuples qui gémissent ;
Tu marches aux clameurs des voix qui te maudissent.
(Le remords s'assoupit dans la prospérité) !

Mais attends qu'un revers loin des cours t'ait jeté ;
Aux remords, à la rage, à l'infamie en proie,
Fuyant sous les éclats de la publique joie,
Dans un asile honteux tu chercheras la paix ;
L'or ne la donne point. Courbé sous tes forfaits,
De vertueux vassaux enviant les misères,
Tu seras en horreur à leurs yeux ; et les pères,
En te montrant de loin, diront à leurs enfants :
Le voilà, ce cruel, qui dévorait nos champs !

1. Le chancelier Maupeou.

EPIGRAMMES DIVERSES

SUR LE ROI

Ami, votre jeune monarque,
En véritable Télémaque,
A pris le bon sens pour Mentor,
Et pour conseil l'expérience,
La probité, la prévoyance :
L'économie est son trésor.
Il a pour femme la tendresse,
Tous ses sujets pour ses enfants,
Et la vérité pour maîtresse.
Que deviendront les courtisans ? —
S'il est possible, honnêtes gens.

SUR M. DE MAUREPAS

Maurepas revient triomphant,
V'la ce que c'est que d'être impuissant;
Le Roi lui dit en l'embrassant :
Quand on se ressemble,
On doit vivre ensemble,
Que nous allons être décents !
V'là ce que c'est que d'être impuissant.

Maurepas était impuissant,
Le Roi l'a rendu tout-puissant :
Le ministre reconnaissant
  Lui dit : Beau sire,
  Que je désire
  D'en faire autant !

SUR TURGOT [1]

LE ROI.

Mon contrôleur Turgot, dites-moi, quel homme est-ce ?

LE COMTE DE MAUREPAS.

Sire, il a l'esprit juste et le cœur citoyen ;
Il respecte les lois, les mœurs...

---

[1]. A propos de cette pièce, Hardy écrit dans son *Journal* à la date du 28 décembre : « Ce jour on continuait de dire dans les sociétés qu'on ne croyait pas que le sieur Turgot, contrôleur général des finances, pût demeurer longtemps en place ; qu'indépendamment de ce qu'il n'entendait pas sa partie, le Roi, inspiré sans doute par quelqu'un, avait déjà dit au comte de Maurepas : *Monsieur de Maurepas, vous m'avez donné un contrôleur général qui ne va point à la messe ;* à quoi ce ministre sans titre et sans gage avait répondu très ingénieusement : *Sire, l'abbé Terray, son prédécesseur, y allait ;* réponse fine et délicate... On imaginait, avec assez de fondement, que les ennemis dudit sieur Turgot, qu'on assurait être totalement livré à la société des encyclopédistes et des économistes, avaient sans doute cherché à indisposer Sa Majesté contre

LE ROI.

C'est fort bien,
Mais jamais il n'entend la messe!

LE COMTE DE MAUREPAS.

Sire, je n'en sais rien, on tient tant de discours!
L'abbé Terray, dit-on, l'entendait tous les jours.

SUR M. DE LA VRILLIÈRE [1]

Ministre sans talent et sujet sans vertu,
Homme plus avili qu'un mortel ne peut être,
Pour te retirer, dis, réponds donc, qu'attends-tu?
Je le vois : qu'on te jette enfin par la fenêtre.

lui, en argumentant de son irréligion vraie ou prétendue. Quelques personnes soutenaient, au contraire, que ce ministre n'avait en vue que le bien public et qu'on verrait dans peu des preuves non équivoques de son zèle patriotique. »

1. « On s'impatiente de ne pas voir dans le ministère les changements dont on se flattait. Depuis la démission du duc d'Aiguillon tout est au même état. Voici des espèces d'épigrammes ou couplets qui courent en attendant et caractérisent le vœu public, s'ils n'annoncent pas un grand génie dans le satirique. » (*Mém. de Bachaumont.*) Le duc de la Vrillière devait conserver ses fonctions une année encore; mais, dès le mois de juillet, M. de Boynes avait été obligé de donner sa démission; l'abbé Terray et le chancelier

SUR M. BOURGEOIS DE BOYNES

Pour toi, Bourgeois, fameux par cent traits de démence,
Qui fais rire l'Anglais et fais gémir la France ;
Pour te mettre en la place où tu peux être bon,
Il convient que tu sois ministre à Charenton.

~~~~~~

On rit d'un ministre bourgeois
 Que chacun abandonne,
Pour n'avoir dans tous ses emplois
 Fait plaisir à personne :
Je crois que c'est injustement
 Que si fort on le fronde,

Maupeou furent disgraciés et exilés, le 24 août. « Notre jeune monarque, écrivait alors Hardy, pouvait-il mieux célébrer l'anniversaire de la naissance et de la fête d'un de ses plus illustres prédécesseurs qu'en répandant l'allégresse et la consolation dans tous les cœurs... On voyait avec la plus vive satisfaction que cet événement tant désiré allait ranimer les premiers sentiments que le peuple de la capitale avait témoignés à son nouveau maître pendant son séjour au château de la Muette, sentiments dont l'activité avait été malheureusement suspendue et comme ralentie par les bruits qu'avaient fait répandre des personnes mal intentionnées que Sa Majesté ne changerait absolument rien aux dispositions qu'avait faites le feu Roi son aïeul. »

Car il va faire en s'en allant
Plaisir à tout le monde.

SUR L'ABBÉ TERRAY

Pour vous, monsieur l'abbé, digne de plus d'éclat,
Entre tous ces messieurs, si chers à la patrie,
Vous fûtes le moins sot et le plus scélérat :
Montfaucon doit payer votre rare génie.

SUR M. DE MAUPEOU

Pour son insigne fausseté,
Le Roi du chancelier vient de faire justice,
Mais du peuple la joie ayant trop éclaté,
Ce prince aime si fort l'austère vérité,
Que même à nos plaisirs il défend l'artifice[1].

---

1. Le 30 août, le peuple avait brûlé le chancelier en effigie sur la place Dauphine ; le lendemain, pareille réjouissance préparée sur le Pont-Neuf fut empêchée par le guet à cheval et une ordonnance rendue à ce sujet par le lieutenant de police Lenoir, défendit de vendre des fusées et d'en tirer dans les rues.

SUR LA SORBONNE [1]

Aux portes de la Sorbonne,
La Vérité se montra;
Le syndic la rencontra :
Que demandez-vous, la bonne ? —
Hélas ! l'hospitalité. —
Votre nom ? — La Vérité. —
Fuyez, dit-il, en colère,
Fuyez, ou je monte en chaire
Et crie à l'impiété. —
Vous me chassez, mais j'espère
Avoir mon tour et j'attends,
Car je suis fille du Temps,
Et j'obtiens tout de mon père.

SUR LA POULE AU POT

Grace au bon Roi qui règne en France,
Nous allons voir la poule au pot !
Cette poule, c'est la finance,
Que plumera le bon Turgot.
Pour cuire cette chair maudite,

---

1. Par le capitaine de Lisle, du régiment de Champagne. (M.)

Il faut la Grève pour marmite,
Et l'abbé Terray pour fagot !

~~~~~~

Enfin la poule au pot sera donc bientôt mise ;
    On doit du moins le présumer.
Car depuis deux cents ans qu'on nous l'avait promise,
    On n'a cessé de la plumer.

ANNÉE 1775

LES REVENANTS [1]

Un esprit fort [2] dont notre histoire
Nous conservera la mémoire
   Dans tous les temps,
Aux compagnons de sa victoire

---

1. « Les Français chantent leurs douleurs, comme leurs plaisirs ; ainsi on peut penser que nos poètes de société n'ont pas manqué de s'évertuer au sujet de la destruction et de la réintégration des Parlements. La première catastrophe a produit des vers et des pamphlets en prose dont tout le mérite était d'être méchants et de dire beaucoup d'injures vraies ou fausses. La dernière qui a rendu le gros de la nation ivre de joie, a enflammé tous nos versificateurs, mais ils n'ont enfanté rien de bien saillant. Ces couplets de M. Collé, secrétaire de M. le duc d'Orléans, sur le retour du Parlement sont les meilleurs que la circonstance actuelle ait produits. » (*Correspondance secrète de Métra.*)

2. Le chancelier Maupeou. (M.)

Disait qu'il ne fallait pas croire
　　　Aux revenants.

Il s'en souvient, ils s'en souviennent ;
Mais, quand des revenants reviennent
　　　Après quatre ans,
Cette apparition notoire
Force d'en revenir à croire
　　　Aux revenants.

Grand Roi, ta divine puissance,
Évoque les ombres en France ;
　　　Spectres errants,
Apparaissez, bravez l'envie ;
Louis rend l'honneur et la vie
　　　Aux revenants.

Les dieux sont dieux par leur clémence
Et c'est à regret qu'on encense
　　　Les dieux tonnants.
Deviens Dieu par ta bienfaisance :
Tu l'es déjà par la présence
　　　Des revenants.

Sur ces ombres patriotiques,
Et de leurs couronnes civiques
　　　Tout rayonnants,
Plane le Romain Malesherbes
L'un des plus grands, des moins superbes
　　　Des revenants.

Toi, Miroménil [1], ombre fière,
Et du trône et de sa barrière
    L'un des tenants,
Avec quel doux transport, chère ombre,
Nous t'avons vu d'abord au nombre
    Des revenants.

Toi, revenant qui fus des nôtres,
Toi, qui fais revenir les nôtres
    Et le bon temps,
Ministre sans titre et sans gage,
Maurepas [2], reçois les hommages
    Des revenants.

Au comble, aujourd'hui, de la gloire,
Puisses-tu lire notre histoire
    Dans deux cents ans.
Tu t'y verras, sur ma parole,
Jouer le plus auguste rôle
    Des revenants.

---

1. « On espère beaucoup des lumières et de la sagesse de M. de Miromesnil, le nouveau garde des sceaux; il s'était fort distingué par sa fermeté et son intégrité à la tête du Parlement de Normandie. » (*Corresp. de Métra.*)

2. « Le comte de Maurepas, ministre d'État, quoique occulte et sans titre, comme sans gage, paraissait avoir l'entière confiance du jeune monarque et influer généralement dans toutes affaires du gouvernement. » (*Journal de Hardy.*)

Et toi, Séguier qui, dans Athènes[1],
Aurais fait pâlir Démosthènes
    Par tes talents,
Ton nom, au temple de Mémoire,
Se grave au milieu de la gloire
    Des revenants.

Paraissez, ombres subalternes[2],
Faites rentrer dans leurs cavernes
    Les mécréants.
Dufour[3] fuit et quitte la place :
Il craint de se trouver en face
    Des revenants.

Disparaissez, faux tabernacles
Où l'on ne faisait des miracles
    Qu'à contre temps,
Bachois[4], Moreau[5] vont disparaître
Ils n'ont pas été faits pour être
    Des revenants.

Des lois célèbres interprètes,
Dont les bouches furent muettes
    Pendant longtemps,

---

1. Ces couplets, transcrits dans le *Journal de Hardy*, ne sont pas de Collé, mais ils furent composés pour faire suite à la pièce ci-dessus.
2. Le Châtelet. (M.)
3. Lieutenant civil. (M.)
4. Lieutenant criminel. (M.)
5. Procureur du Roi. (M.)

Ranimez-vous à ces merveilles,
Revenez charmer les oreilles
  Des revenants.

Chantons cette belle victoire :
Thémis a retrouvé sa gloire
  Pour cent mille ans ;
Louis vient d'essuyer nos larmes,
Et rendre triomphant les armes
  Des revenants.

~~~~~~

L'esprit fort, vainqueur des obstacles[1],
Avait appuyé ses oracles
  Sur le bon sens ;
L'esprit frivole a mis sa gloire
A consacrer dans notre histoire
  Les revenants.

Quoi qu'en disent les préambules
Et toutes royales cédules,
  Hochets d'enfants ;
Pour le trône et pour son ministre,
C'est un phénomène sinistre
  Qu'un revenant.

Sortis gonflés de leurs ténèbres,
Résolus, pour être célèbres,

---

1. Parodie de la pièce des *Revenants*. (M.)

D'être insolents,
Tyrans sans frein et sans contrainte,
Ils vont justifier la crainte
　　Des revenants.

Parmi tous les héros du Code,
Un chansonnier fort à la mode
　　Règle les rangs,
Digne écrivain de cette histoire ;
Rien ne manque à la gloire
　　Des revenants.

Applaudis-toi, Romain Malesherbe,
D'être jugé le moins superbe
　　De ces Titans.
Plane malgré ta lourde masse,
Sois le Dieu qui règle l'audace
　　Des revenants.

Toi, long d'échine et court de vue,
Phrasier bouffi, monseigneur Hue,
　　L'un des tenants,
De Sixte-Quint, froid plagiaire,
Recule et cède la barrière
　　Aux revenants.

O Roi ! tu cherches la justice,
Et l'on conduit au précipice
　　Tes pas tremblants.
Où sont les martyrs de ton trône ?

Hélas! ta main les abandonne
Aux revenants.

Redoute ce calme éphémère,
Vois le foyer parlementaire
Étincelant.
On va discuter ta démence,
Et tu rentres dans la balance
Des revenants.

Un esprit fort dont la vengeance [1]
A bouleversé tout en France
Pendant quatre ans,
Devait prévoir tous les obstacles
Et faire dicter ses oracles
Par le bon sens.

On sait que royales cédules
Sont pour vous objets ridicules,
Hochets d'enfants;
Mais le prince avec son ministre
Rendront tout revenant sinistre
Aux mécréants.

En vain sur le Romain Malesherbe
Vous tentez un effet superbe

1. Contre-parodie de la parodie des *Revenants*. (M.)

De vos poisons;
L'aigle, planant vers l'astre utile,
Laisse en paix siffler le reptile
Dans les buissons.

Toi, de Thémis Dieu tutélaire,
Et du zèle parlementaire
L'un des tenants;
Miroménil, de ta victoire
Jouis, et tu seras la gloire
Des revenants.

O Roi, par un trait de justice,
Tu viens de mettre au précipice
Les vrais tyrans;
Ces soi-disants martyrs du trône;
Méritent qu'on les abandonne
Aux revenants.

Méprise une audace éphémère,
Prince qu'on aime et qu'on révère
Dans tous les temps,
Ton équité, ta bienfaisance
T'assureront l'obéissance
Des revenants.

LES RÉFORMES DU MINISTÈRE[1]

Le digne ministre de France,
Doué d'esprit, d'intelligence
  Et de raison;
En réformant notre finance,
Répandra partout l'abondance;
  Chanson, chanson.

Turgot, par son économie,
Fera pleuvoir sur la patrie
  L'or à foison.
Il est assuré de son thème
Et nous vivrons par son système[2];

---

1. « On vient de faire un vaudeville sur l'air *Chansons, Chansons*. On serait d'abord tenté de le croire fabriqué par quelque financier enragé contre M. Turgot et qui voudrait donner une opinion défavorable de ses projets pour l'amélioration des revenus de l'État et le rétablissement du crédit public en faisant regarder comme des contes tout ce qu'on dit de consolant à cet égard; mais comme il y a beaucoup de gaîté, cette chanson est plus maligne que méchante. » (*Mémoires de Bachaumont.*)

2. Les gens sensés envisageaient avec plus de confiance que le chansonnier les sages réformes de Turgot : « Sa

Tout va prendre nouvelle forme;
On ne parle que de réforme
  De mœurs, de ton :
Ce n'est plus le siècle des belles;
On va déserter les ruelles;

Du luxe on va faire défense
Et l'on va borner la dépense,
  Nous promet-on.
Partout où régnait la licence
Nous verrons régner l'abondance;

Quand du Sénat de mince allure
On apprit la déconfiture,
  Chacun dit : Bon !
Les revenants vont, sans épice,
Noblement rendre la justice;

Vous, qui languissez sans paraître,
Et qui cherchez auprès du maître
  Un bon patron,

nomination au contrôle général, écrit un contemporain, a eu l'approbation universelle... On dit que son projet est de tâcher d'avoir une année de revenus dans les coffres du Roi, afin de se défaire des fermiers généraux, d'établir ensuite un impôt unique à l'entrée et à la sortie du royaume et de charger les provinces de verser directement les impositions dans le Trésor royal. Du reste, il a commencé son administration par chasser tous les commis de son prédécesseur; du moins ceux dont la réputation n'était pas à l'abri du soupçon. » (*Correspondance secrète de Métra.*)

Nommez seulement qui vous êtes,
Et l'on va vous payer vos dettes;
Chanson, chanson.

ARRÊT DE LA BAZOCHE[1]

Nous, chancelier, garde des sceaux,
Ordonnons à tous les suppôts
Du royaume de la Bazoche
De faire en nos mains le serment
De vivre *clercs* comme de roche,
Et fidèles au Parlement.

1. « Les discussions entre les subalternes du Palais ne sont pas encore apaisées : c'est ce qui a donné lieu à la facétie ci-dessus, toujours bonne seulement comme pièce historique. Il faut savoir, pour son intelligence, que la *Bazoche* est un petit tribunal érigé en l'honneur des clercs de procureurs, où ils siègent et jugent certaines causes. Cette institution remonte à l'ancien temps et se ressent du génie romanesque d'alors, car il y a ce qu'on appelle le *Roi de la Bazoche* ; il a son chancelier, etc. Il a une sorte de discipline sur sa troupe. » (*Mémoires de Bachaumont.*)
Lors de la suppression de l'ancien Parlement, en 1771, la plupart des avocats ayant cessé leurs fonctions, le chancelier les fit remplacer par des procureurs, qui se trouvèrent dans une situation embarrassante, après la destruction du Parlement Maupeou. « Tous les procureurs au Parlement, écrit Hardy, à l'exception néanmoins de ceux qui étaient devenus avocats au Parlement en 1771, s'assemblèrent à la

A tous clercs il est défendu
D'entrer chez les *avocats du,*
Parce qu'étant d'expérience
Que tels maîtres, tels compagnons,
Ils apprendraient sous cette engeance
A devenir maîtres fripons.

Déclarons ne faire aucun cas
De ces trois classes d'avocats
Que quatre mendiants on nomme,
Les vingt-huit et les promoteurs;
L'avocat devant être un homme
Bon, pur, fidèle et plein d'honneur.

Permettons de faire imprimer,
De publier et d'afficher

chambre Saint-Louis... Ils arrêtèrent unanimement de ne faire aucune signification quelconque à ceux de leurs confrères qui avaient exercé les fonctions d'*avocat du*, comme aussi de ne répondre à aucunes de celles qui pourraient leur être faites par quelqu'un d'eux, bien instruits qu'ils étaient que les présidents ne leur accorderaient point d'audience, et ce jusqu'à ce qu'ils eussent rapporté leurs provisions, qu'ils eussent renoncé formellement à leur état d'avocat et qu'ils eussent été réintégrés dans le corps en la forme prescrite. » L'ordre des avocats n'était guère plus calme, au dire du même auteur : « Il régnait au Palais beaucoup de division, soit entre les procureurs au Parlement qui avaient été supprimés, et les *avocats du* redevenus leurs confrères, soit entre les avocats au Parlement de toutes les classes, savoir les purs, les sermentés, les soumis et les vingt-huit, et que ces derniers n'avaient encore pu parvenir à s'accorder que sur un seul point, celui de ne communiquer en aucune manière avec l'avocat Linguet. »

Partout la présente ordonnance ;
Enjoignons à notre greffier
D'en remettre, par déférence,
Un exemplaire au bâtonnier.

PLUMES ET PANACHES[1]

Oui, sur la tête de nos dames
Laissons les panaches flotter :
Ils sont analogues aux femmes,
Elles font bien de les porter.

1. « La folie des plumes, écrivait Métra en janvier 1775, est arrivée à un excès qu'il est même impossible de soupçonner... Il n'est question que de plumes et de la grande révolution qui a semblé se préparer dans le costume des habillements. » Quelques mois après, il ajoutait : « Toujours les plumes et plus élevées que jamais ; les femmes se mettent à genoux dans leurs carrosses, parce qu'ils ne sont pas assez exhaussés ; on voit des visages au milieu du corps ; il faut espérer que cette mode passera comme les autres. »

Le coiffeur Beaulard, un artiste en son genre, avait imaginé un curieux moyen pour exploiter cette singulière manie. « Cet homme, est-il dit dans la *Correspondance de Grimm*, se met à la torture pour représenter soit au naturel, soit allégoriquement, les articles les plus importants des Gazettes. On voit sur un bonnet la rentrée du Parlement, sur un autre la paix des Russes et des Turcs, sur un autre la bataille d'Ivry et Henri IV, ou bien un jardin anglais, et enfin tous les événements anciens et modernes. »

La femme se peint elle-même
Dans ce frivole ajustement;
La plume vole, elle est l'emblème
De ce sexe trop inconstant.

Des femmes on sait la coutume.
Vous font-elles quelque serment!
Fiez-vous-y, comme la plume :
Autant en emporte le vent.

La femme aussi de haut plumage
Se pare au pays des Incas;
Mais là les beautés sont sauvages
Et les nôtres ne le sont pas.

Tandis que d'un panache, en France,
Un époux orne sa moitié,
D'un autre, avec reconnaissance,
Par elle il est gratifié.

ÉLOGE DE MALESHERBES[1]

Ah! qu'on aime la bonhomie,
Qui dans ta grande âme s'allie

[1]. Chrétien-Guillaume de Lamoignon de Malesherbes, premier président de la cour des Aides, succéda au duc de

>   Aux grands talents;
> Tout Paris fête Malesherbe,
> Le plus grand et le moins superbe
>   Des revenants.
>
> Jadis l'orateur qu'on renomme,
> De l'exil revenant à Rome,
>   Eut même accueil :
> Mais le Cicéron de la France [1]
> De l'autre a toute l'éloquence
>   Sans son orgueil.

La Vrillière dans les fonctions de ministre de la maison du Roi, le 20 juillet. « On assure, notait Bachaumont, qu'il a beaucoup de peine à accepter cette place, gémissant d'avance sur les horreurs dont il va prendre le long détail et qu'il ne pourra pas réparer en entier. On croit que c'est par amitié pour M. Turgot qu'il s'est enfin déterminé à venir à la cour, pour donner plus de prépondérance aux objets patriotiques du premier, qui jusqu'à présent ont essuyé beaucoup de contradictions. »

Mme du Deffant, en annonçant cette nouvelle à son ami Walpole, lui écrivait : « Voilà notre gouvernement rempli par les philosophes; c'est le règne de la vertu, du désintéressement, de l'amour du bien public et de la liberté. »

Mais telle n'était pas l'opinion générale, ainsi que le fait observer Hardy : « A peine le sieur de Malesherbes était-il en place que déjà nombre de gens parlaient fort mal de lui et cherchaient à le décrier dans l'esprit du public, comme un homme peu propre au ministère, quoiqu'ils ne pussent s'empêcher de convenir qu'il avait du génie et du désintéressement. »

1. Malesherbes s'était distingué à la tête de la cour des Aides par de remarquables remontrances, en 1771 notamment, lors du coup d'État de Maupeou, et en 1774, lors du rétablissement de la cour.

Amis, sa gloire l'embarrasse ;
Il faudra pourtant qu'il s'y fasse.
Mais filons doux ;
Et nous reposant sur l'histoire
Sans plus lui parler de sa gloire
Buvons-y tous.

A celui qui si bien conseille
Son maître, dont il a l'oreille,
Buvons aussi ;
A sa santé ! je vous la porte.
Mais disons que le diable emporte
On sait bien qui [1].

BEAUMARCHAIS

ET LE *BARBIER DE SÉVILLE* [2]

Non, il n'est plus du tout, du tout le même ;
Et Beaumarchais,
Pour son barbier benêt,

1. Cette pièce, que les Recueils manuscrits indiquent comme composée à l'occasion de la nomination de Malesherbes au ministère, était antérieure à cet événement, puisque Métra l'a transcrite dans sa *Correspondance* au mois de janvier, en l'attribuant à Saurin.

2. C'est au mois de juillet 1775 que Beaumarchais imprima *le Barbier de Séville,* représenté sans succès à la

Est rasé de si près
Qu'il en est sot et blême ;
Aussi dit-on après :
Quoi ! c'est là Beaumarchais !
Non il n'est plus du tout, du tout le même.

Toujours, toujours, il est toujours le même ;
Toujours il est
Sans intrigue et mauvais,
Sans mœurs, sans intérêt,
Trivial à l'extrême ;
On peut y rire, mais
Chacun redit après :
Toujours, toujours, il est toujours le même.

De ton barbier porte ailleurs la boutique :
Non, non, jamais,
Au Théâtre-Français,
Il n'aura de succès,
Ni bien longtemps pratique ;
Pour Nicolet il est
Raseur fait tout exprès :
De ton barbier mets-y donc la boutique.

Comédie-Française, le 23 février 1774. Dans la spirituelle préface dont il le fit précéder, il raillait agréablement le public et prétendait que sa pièce était une des meilleures données depuis longtemps sur le théâtre dans le genre comique. La chanson ci-dessus prouve qu'il ne réussit pas à convaincre tout le monde.

UNE

PRÉSENTATION A LA COUR[1]

On va présenter à la cour
La fille de Mimi-Dancourt ;
La Comédie-Française,
Eh bien !
Doit en être fort aise ;
Vous m'entendez bien.

Son père est le fils d'un acteur,
Et son époux est un auteur
Dont on vient de l'Empire
Faire un comte pour rire.

Il compose à tort, à travers,
Il rime la prose et les vers,

---

1. Couplets sur la présentation à la cour de Mme la comtesse de Guibert, épouse du comte de Guibert, auteur de la *Tactique* et du *Connétable de Bourbon*, tragédie (M.). — Le comte de Guibert avait épousé la fille de M. de Courcelle, commissaire des guerres, fils d'un comédien et frère de Mimi Deshayes. On lui reprocha cette alliance contractée, disait-on, par intérêt. « Ce qui doit le justifier, écrit un contemporain, c'est l'approbation tacite de la Reine, qui depuis ne lui a pas retiré ses bontés et a même admis la femme à lui faire sa cour et à figurer dans ses bals. »

Il croit que son génie
Honore sa patrie.

Sans l'audace dont il écrit,
Sa *Tactique* eût fait peu de bruit[1] ;
Il pèse en sa balance
Les héros de la France.

Il donne des conseils aux rois,
Aux princes, aux grands, et je crois
Qu'il a sous presse un livre
Pour leur apprendre à vivre.

Il se croit le plus grand talent,
Mais le public qui le dément
Dit d'un ton lamentable :
Voyez le *Connétable*[2].

1. *L'Essai général sur la tactique,* publié en 1772, occupa vivement l'attention publique. Il était précédé d'un *Discours sur l'état actuel de la politique et de la science militaire en Europe,* plein d'observations hardies qui motivèrent l'interdiction de l'ouvrage. Les militaires faisaient le plus grand cas de cet écrit, auquel le comte de Guibert fut redevable des fonctions importantes qu'il remplit sous le ministère de M. de Saint-Germain.

2. Guibert, qui avait de grandes prétentions littéraires, avait envoyé à l'Académie française, en 1774, un éloge de Catinat, auquel on n'accorda qu'un accessit. Il s'était également essayé dans le genre dramatique et avait composé le *Connétable de Bourbon,* tragédie qu'il lisait volontiers à ses amis et dont la réputation surfaite tomba dès qu'elle parut au théâtre. On la joua sans succès aux fêtes de la cour, lors du mariage de Madame Clotilde. « Les con-

On a d'abord vanté partout
Ses talents, son esprit, son goût;
Mais la pièce tombée,
Eh bien !
Adieu la renommée;
Vous m'entendez bien.

LA REINE DE L'ÉTIQUETTE[1]

Vous, qui pour écarts de l'enfance
Prenez ceux du tempérament,

naisseurs assurent, écrivait Bachaumont, qu'il est impossible de rien voir de plus mauvais, que non seulement le plan en est détestable, mais que la versification même est d'une platitude unique; qu'il n'y a aucun vers de sentiment, ni de génie... Sans le respect dû au lieu et à Leurs Majestés présentes, l'on n'aurait pu s'empêcher de huer en quantité d'endroits et de témoigner ouvertement son indignation. »

1. Marie-Antoinette étant Dauphine se montra peu disposée à subir les perpétuels ennuis que lui imposaient les règles du cérémonial obligatoire en toutes circonstances pour la famille royale. Devenue Reine, elle s'affermit dans ses idées. « Cette étiquette, remarque Mme Campan, qui dans la vie intérieure de nos princes les avait amenés à se faire traiter en idoles, dans leur vie publique en faisait des victimes de toutes les convenances. Marie-Antoinette trouva dans le château de Versailles une foule d'usages établis et révérés qui lui parurent insupportables...

« Élevée dans une cour où la simplicité s'alliait avec la majesté, placée à Versailles entre une dame d'honneur

Reine de France en apparence,
Vous l'êtes plus réellement
Des ministres de la toilette,
Des comédiens, des histrions ;
Et, bravant en tout l'étiquette,
Des filles vous avez le ton.

Vous montrez en tout l'indécence,
Et tous vos goûts sont dépravés ;
Au mépris des gens de naissance,
Les roturiers sont préférés :
Besenval a votre confiance,
Un Caraman est distingué ;
Et, grâce au talent de la danse
Un Gallifet est présenté.

importune et un conseiller imprudent [l'abbé de Vermond], il n'est pas étonnant que devenue reine elle ait voulu se soustraire à des contrariétés dont elle ne jugeait pas l'indispensable nécessité. » Sa dame d'honneur, la duchesse de Noailles, qu'elle avait surnommée Mme *L'Étiquette*, se montra vivement affectée de l'indifférence avec laquelle Marie-Antoinette accueillait ses perpétuelles représentations, et ne tarda pas à former un parti hostile à la Reine qui exerçait sur tous ses actes les critiques les plus malveillantes. Mais le public n'était pas toujours, à cet égard, de l'avis des grandes dames ; ainsi que le prouvent les réflexions de Métra, lors du voyage à Fontainebleau, en octobre 1774 :

« Notre jeune et charmante Reine, dit-il, à force d'être sans façon et sans cérémonie, a expulsé de la cour toutes les ridicules entraves de l'ancienne étiquette. On voit tous les soirs cette aimable princesse parcourir le château, aller faire des visites, tenant le Roi sous le bras avec un seul valet de pied. »

S'il est vrai que La Vaupalière
Doive paraître à votre cour,
Ma foi, dans cette pétaudière,
Faites figurer tour à tour
Ce que les comptoirs, les coulisses,
Nous offrent de plus séduisant;
Avec des banquiers, des actrices,
Vous tiendrez votre appartement.

Accourez donc, troupe galante
Des Paters et des Cassini;
Venez surpasser notre attente,
Mimi, Guibert et d'Emeri!
La fille de l'impératrice,
A Vienne, connaissait les grands;
Mais, n'écoutant que son caprice,
Elle confond ici les rangs.

LES

TALENTS DE SAINT-GERMAIN[1]

Saint-Germain,
Dès demain
Je m'engage;

---

1. Claude-Louis, comte de Saint-Germain, général français (1707-1778), après avoir servi avec distinction durant

Année 1775.

> De la gloire de l'État,
> Du bonheur du soldat
> Ton nom seul est le gage.
> Autrefois,
> A ta voix,
> La victoire
> Sur nos pas eût accouru,

les guerres de la succession d'Autriche et de Sept ans, avait quitté le service, et vivait retiré dans un modeste domaine, près de Lauterbach. Lorsque mourut le maréchal de Muy, ministre de la guerre, « on chercha un homme qui ne fût pas à portée d'acquérir un grand crédit, qui n'eût ni liaison ni parenté à la cour; un homme qui fût isolé, qui ne fût attaché à aucun parti et qui par ses talents justifiât cependant le choix qu'on ferait de lui. Le comte de Saint-Germain remplissait en apparence tous ces objets; il venait de faire un mémoire sur le militaire qui, d'après son nom, fut jugé excellent; et un abbé Dubois fut dépêché à Lauterbach pour lui annoncer qu'il était ministre de la guerre. Jamais révolution plus complète ne fut éprouvée. De la misère il passait à la richesse, de l'anéantissement au plus grand pouvoir. Arrivé à Fontainebleau, il y reçut l'accueil le plus flatteur; l'enthousiasme public se joignit aux hommages des courtisans. Sa célébrité, ses malheurs, sa réputation d'esprit, donnaient l'opinion la plus avantageuse de son ministère; on le voyait déjà, après avoir formé un militaire, le commander à la guerre, et réunir les talents de Louvois et de Turenne. Mais le ministère est une pierre de touche pour les talents et le caractère. Sa réputation fut bientôt comme l'existence de l'impie :

> J'ai passé, il n'était déjà plus.

Il donna des projets sans les avoir médités et il les exécuta avec précipitation; il écouta tous les gens qui s'empressent d'arracher la confiance des ministres et trafiquent de leur accès. (SÉNAC DE MEILHAN : *Le comte de Saint-Germain.*)

Si l'on avait voulu
Te croire.
Mais périssent dans l'histoire,
Ainsi que dans ta mémoire,
D"un rival[1]
Trop fatal
A la France
Les manœuvres et les maux
Qu'entraîne d'un héros
L'absence !
Des vertus
Qu'un Titus,
Notre père,
Va chercher dans les déserts,
Montrent à l'univers
Un nouveau Bélisaire.
Aujourd'hui,
Comme lui,
Tu pardonnes.
Puisses-tu trouver en retour
L'exemple qu'à la cour
Tu donnes !

---

1. M. de Saint-Germain eut, à l'affaire des Corbach, des démêlés avec le maréchal de Broglie, qui contribuèrent à sa retraite. Lorsque, devenu ministre de la guerre, il annonça, suivant l'usage, sa nomination aux officiers généraux par une lettre circulaire, il profita de cette circonstance pour témoigner à son ancien rival, alors gouverneur du pays Messin, qu'il ne gardait aucun souvenir de leurs différends.

BOUILLON AIME LA GUERRE

> Bouillon est preux et vaillant,
>   Il aime La Guerre[1],
> A tout autre amusement
>   Son cœur la préfère.
> Ma foi, vive un chambellan
> Qui toujours s'en va disant :
> Moi, j'aime La Guerre, ô gué,
>   Moi, j'aime La Guerre!
>
> Au sortir de l'Opéra
>   Voler à La Guerre,
> De Bouillon, qui le croira!
>   C'est le caractère.

1. Mlle Laguerre, actrice de l'Opéra, maîtresse du duc de Bouillon. (M.) — « Son amant s'est tout bonnement ruiné par amour pour elle. Rien n'a pu arrêter cette folle passion, et enfin on l'a chansonné plus tard comme on chansonne tout en France. Ce pauvre duc, que d'extravagances il a faites! que de singularités il a eues! Il avait inventé à peu près à cette époque un ordre *de la Félicité* qu'il donnait aux jeunes femmes et que celles-ci s'empressaient de porter. Le marquis de Chambonas, son ami, qui demeurait chez lui, et si à la mode par son esprit et sa prodigalité, en était le lieutenant-maître. Les statuts se composaient de maximes de galanterie auxquelles nulle ne pouvait manquer. Un ruban vert, symbole de l'espérance, soutenait une petite croix que ces dames portaient sur le cœur. » (*Mémoires de la baronne d'Oberkirck.*)

Elle a pour lui des appas
Que pour d'autres elle n'a pas :
En lui c'est La Guerre, ô gué,
En lui c'est La Guerre.

A Durfort[1] il faut Du Thé[2],
C'est sa fantaisie :
Soubise, moins dégoûté,
Aime La Prairie[3];
Mais Bouillon, qui pour son Roi
Mettrait tout en désarroi,
Aime mieux La Guerre, ô gué,
Aime mieux La Guerre.

1. Fils du duc de Duras. (M.)
2. « Mademoiselle Du Thé est une fille de Paris qui a été la première maîtresse de M. le duc de Chartres. Lorsqu'elle fut quittée par ce prince, elle alla ruiner à Londres deux ou trois mylords, puis revint à Paris où elle fait à tous venans beau jeu, mais à condition qu'on apportera force argent. C'est une de nos Messalines les plus âpres et les plus intéressées. » (*Correspondance secrète de Métra.*)
Dans une parodie satirique du temps, intitulée : *Curiosités qui se voient à la foire Saint-Germain et qui vont en ville*, on lit cet article à l'endroit de ladite demoiselle, qui se trouve classée dans la section des machines : « Un bel automate très curieux chez Mlle Du Thé ; il représente une très belle femme qui fait tous les mouvements possibles ; mange, danse, chante et agit comme une personne vivante. Elle plume un étranger très proprement. On s'était flatté de la faire parler en public, mais on y a renoncé ; les amateurs aiment mieux la faire mouvoir. »
3. Autre fille d'Opéra. (M.) « La Prairie est verte et marécageuse, » dit plaisamment l'auteur du *Portefeuille d'un talon rouge*.

LES PRUDES[1]

Retirez-vous, de grâce,
Thiars, quittez Séran,
Abandonnez la place
A monsieur d'Autichamp :
Il vous est préféré en faveur de son âge,
Il ne voit rien et vous parlez,
Avec esprit vous racontez,
Mais il fait davantage.

Marigny sans colère
Écoute son amant ;
Conflans, tenant son verre,
Promet d'être constant,
De renoncer enfin à son affreuse ivresse,
Au mauvais ton et aux catins,
D'être, comme les paladins,
Rempli de sa tendresse.

L'infortunée de Blotte
Longtemps s'était flattée ;
Mais la cour la ballotte,

---

1. « Nos méchants de société sont dans l'usage de composer à la fin de l'année, sous le nom de *Noëls*, des couplets dans lesquels la médisance ou la malignité s'exercent

Saint-Germain est nommé.
De Castries comptait bien entrer au ministère;
Des vieux soldats c'était la fin,
Et l'armée prenait pour refrain :
Adieu le ministère.

Duchesse incestueuse,
Grammont, tu dois trembler,
Ta haine infructueuse
Ne peut nous accabler.
Je brave le poison : c'est ta seule vengeance;
Ton frère n'est qu'un avorton;
Pour nous faire baisser le ton
Il n'a plus de puissance.

Martinville est charmante
Et fera son chemin;
Si l'amour la contente,
Jugez de son destin.
Attendant ce moment, Poyanne s'en occupe;
Il est aimable, il est galant,
Bien retapé et bien payant,
Mais il n'est que sa dupe.

Crenni fait la coquette
Et veut encor danser :

sur le compte des femmes et des hommes les plus à la mode. Voici ceux des couplets de l'année qui m'ont paru le moins mal faits. » (*Corresp. secrète de Métra.*). Ces couplets furent attribués au marquis de Louvois.

Sa taille rondelette
Souvent la fait glisser.
Alors le Fénelon la relève en cadence.
Chacun se dit du même ton :
Elle est trop grosse et lui trop rond,
Mais toujours va qui danse.

Bouzonville, à l'entendre,
Renonce à ses amants ;
Mais un feu sous la cendre
Se rallume aisément.
Choiseul pour un instant fixa cette coquette ;
Il est phraseur sans jugement,
Parjure, indiscret, inconstant,
Et voilà sa recette.

Tavanne est bien surprise
De son événement :
Au pied du trône assise,
Elle fit un enfant.
A sa beauté le Roi rendit un simple hommage ;
Depuis ce temps, elle est restée
Catin, bégueule, hébétée ;
Voilà son apanage.

Sous les traits de Mégère
Reconnaissez Duras ;
Elle fait la sévère,
Mais pourtant ne l'est pas.
Son cœur est un amas de vice et de luxure ;

Jamais on ne vit ici-bas
Plus de défauts et moins d'appas
Qu'en cette créature.

Chamboran prend l'air sage,
Mais ce n'est qu'un semblant;
On sait bien qu'à son âge
L'on n'est pas sans amant.
Un certain Bermondet, puis un fort joli prince
Ont eu l'essai de ses faveurs,
Et Séguier sait charmer son cœur
Voyageant en province.

Précieuse Jamaïque,
Apprenez à parler ;
Pour être satirique,
Du moins sachez causer ;
Luxembourg vous dira comment il faut s'y prendre;
Vous inoculant son esprit,
Tâchez de le mettre à profit ;
Il en a à revendre.

Boufflers met du mystère
A cacher son amant;
Chacun a sa chimère.
Mais on nous dit pourtant
Que Ségur a trouvé le moyen de lui plaire,
Et qu'en abjurant pour jamais
Monsieur de Guine et Beaumarchais,
Son cœur était sincère.

Julien à sa maîtresse
Un jour parlait ainsi :
Vous êtes une duchesse
Et moi un sans-souci ;
Souvent un comédien devient roi sur la scène ;
Regardez-moi sur ce ton-là.
La pauvre femme soupira ;
Montmorency fut reine.

ÉPIGRAMMES DIVERSES

SUR LE ROI

Ton bisaïeul si renommé
Fut un Louis où beaucoup d'alliage
Avec l'or pur était amalgamé.
Ton aïeul (ce fut grand dommage),
Autre Louis, soumis au trébuchet,
Aurait éprouvé du déchet.
Nous possédons Louis seizième ;
Grâce au ciel, ainsi qu'à ce Nestor,
Digne sujet d'un Roi qu'on aime
Nous avons le vrai *Louis d'or*.

A Louis seize, notre espoir,
Chacun disait cette semaine :
Sire, vous devriez ce soir [1],
Au lieu des rois, tirer la Reine [2].

SUR MADAME CLOTILDE [3]

Le bon Savoyard, qui réclame
Le prix de son double présent [4],
En échange reçoit madame ;
C'est le payer bien grassement.

1. Le jour des Rois. (M.)
2. Voici une plaisanterie du même genre que Métra prête au ministre de la guerre. « M. de Saint-Germain se trouvant dernièrement au dîner du Roi, la Reine jetait des boulettes de pain à son époux ; ce prince dit en riant au ministre : *Que feriez-vous, brave militaire, si on tirait comme cela sur vous?—Sire, j'enclouerais la pièce.*—Cette saillie heureuse à plusieurs égards a fait beaucoup rire la Reine, les assistants et même le Roi. »
3. Madame Clotilde, sœur de Louis XVI, épousa, le 5 octobre 1775, Charles-Emmanuel, fils du roi de Sardaigne, Victor-Amédée III. « Cette princesse, dit Mme Campan, était dans son enfance d'une si énorme grosseur que le peuple lui avait donné le sobriquet de *Gros Madame.* »
4. Les deux frères de Louis XVI, le comte d'Artois et le comte de Provence, avaient épousé les deux filles du roi de Sardaigne.

SUR M. DE MAUREPAS[1]

Monsieur le comte, on vous demande ;
Si vous ne mettez le holà
Le peuple se révoltera. —
Dites au peuple qu'il attende,
Il faut que j'aille à l'Opéra.

---

1. « Il y a toujours eu à Paris, écrivait Métra, il y a et il y aura toujours des gens qui ne cherchent dans les événements même les plus tristes qu'une nouvelle matière à faire des plaisanteries ; on a donc fait cette épigramme sur ce que le mardi où le marché de Versailles fut pillé, M. le comte de Maurepas se trouva à l'ordinaire à l'Opéra. »

Ces vers peignent à merveille le caractère léger et frivole de Maurepas, dont l'âge ni l'exil n'avaient corrigé les défauts. Ils trouvent leur commentaire dans une anecdote racontée par Bésenval, qui était allé se plaindre au comte des réformes de M. de Saint-Germain.

« Vous savez, lui avait-il dit, que votre ministre de la guerre est de toute incapacité ; qu'il perdra votre armée ; mais vous ne le chasserez que lorsque tout sera si bien bouleversé qu'il n'y aura plus de remède. — Moi foi, je crois que vous avez raison, me répondit-il en éclatant de rire. » — « J'aurais dû gémir, ajoute Bésenval, de voir le souverain pouvoir entre les mains de M. de Maurepas et la France livrée à un tel homme ; mais la chose me parut si ridicule, que je ne pus m'empêcher de rire aussi. »

SUR TURGOT[1]

Est-ce Maupeou, tant abhorré,
Qui nous rend le blé cher en France?
Ou bien est-ce l'abbé Terray?
Est-ce le clergé, la finance?
Des jésuites est-ce vengeance?
Ou de l'Anglais un tour fallot?
Non, ce n'est point là le fin mot...
Mais voulez-vous qu'en confidence
Je vous le dise?..... C'est Turgot.

---

1. Turgot n'était pas encore entré au ministère que déjà la mauvaise qualité des farines et la cherté du pain provoquaient dans les provinces une vive agitation. Elle se traduisit, aux mois de mars, avril et mai 1775, par des émeutes successives dans la Champagne et l'Ile-de-France et dans Paris. En dépit des mesures prises par lui pour assurer la libre circulation des blés à l'intérieur et pour en faciliter l'achat en dehors des marchés, ou plutôt à cause de ces mesures, Turgot se vit désigné par ses ennemis comme ayant provoqué le renchérissement. « On a beaucoup varié, est-il dit dans les *Mémoires de Bachaumont*, sur le principe et les auteurs des émeutes. On a successivement attribué ces dernières au chancelier, à l'abbé Terray, aux Anglais, aux Jésuites, au clergé, aux gens de finance. Ceux qui ne cherchent point à raffiner en trouvent tout bonnement la cause dans le nouveau système du gouvernement et dans les derniers arrêts du conseil, où M. Turgot dit que le blé est cher, qu'il sera cher et qu'il doit être cher. »

SUR LE MARÉCHAL DE BIRON[1]

> Biron, tes glorieux travaux,
> En dépit des cabales,
> Te font passer pour un héros
> Sous les piliers des halles :
> De rue en rue, au petit trot,
> Tu chasses la famine.
> Général, digne de Turgot,
> Tu n'es qu'un Jean-Farine.

SUR LES NOUVEAUX MARÉCHAUX DE FRANCE[2]

> Réjouissez-vous, ô Français !
> Ne craignez de longtemps les horreurs de la guerre :

1. Le maréchal de Biron, colonel des gardes-françaises, avait reçu le généralat de la haute et basse Seine avec mission de réprimer les émeutes produites par la cherté du blé.
2. A propos de la promotion des maréchaux du mois de mars. (M.) — Le public ne ménagea point ses railleries aux personnages honorés par Louis XVI d'une dignité qu'ils ne méritaient ni par les talents ni par les services. On les compara aux sept péchés capitaux ; le duc d'Harcourt représentait la *Paresse*, le duc de Noailles l'*Avarice*, le comte de Nicolaï la *Gourmandise*, le duc de Fitz-James l'*Envie*, le comte de Noailles l'*Orgueil*, le comte de Muy la *Colère* et le duc de Duras la *Luxure*. On prétendait également avoir voulu les comparer aux sept planètes ; mais on n'avait pas trouvé de *Mars* parmi eux.

Les prudents maréchaux que Louis vient de faire
Promettent à vos vœux une profonde paix.

SUR LE MARÉCHAL DE DURAS

Duras invoquait à la fois
Le dieu des vers et le dieu de la guerre :
Il réclamait le prix de ses vaillants exploits
Et de son savoir littéraire :
Tous deux, par un suffrage égal,
Ont satisfait sa noble envie.
Phébus lui dit : Je te fais maréchal,
Mars lui donna place à l'Académie [1].

SUR COLLÉ [2]

Est-ce Anacréon, est-ce Horace,
Qui chantait ces vers pleins de grâce,
Dans son printemps ?
Collé, recevez-en la gloire,

1. Le maréchal de Duras avait été élu membre de l'Académie française le 2 mai, à la place de Du Belloy.
2. Vers de l'abbé de L'Attaignant à Collé, à propos de sa chanson des *Revenants*. (M.)

Ou vous nous forcerez à croire
Aux revenants !

~~~~~~

SUR BEAUMARCHAIS[1]

Beaumarchais est chargé d'une affaire secrète ;
　Chacun disait : Quoi ! le gouvernement
Enverra dans les cours un semblable interprète ?
Plaisant ambassadeur ! respectable, vraiment !
　　Un quidam survient brusquement :
　　Qu'a d'étonnant cette aventure ?
　　Quelquefois pour son truchement
　　Jupiter choisissait Mercure.

~~~~~~

SUR LES MINISTRES

De ministres quel choix heureux,
Et quel présage pour la France !

1. A l'occasion du bruit répandu que le gouvernement l'avait chargé d'une mission secrète en Angleterre. — (M.) « On présume que, vu l'état de crise de nos voisins, vu le caractère de l'homme, son génie d'intrigue, son activité, son impudence, sa souplesse, il est allé remplir un de ces rôles de boute-feu qu'on ne peut faire faire à un agent caractérisé et qu'on confie à un homme sans titre, qu'on désavoue au besoin et même qu'on laisse pendre si c'est nécessaire. » (*Mémoires de Bachaumont.*)

Malesherbes tient la balance ;
Turgot préside à la finance ;
Saint-Germain combattra pour eux ;
Et Maurepas, par sa prudence,
Rendra leurs travaux fructueux.

ANNÉE 1776

NOUVELLES DE LA COUR[1]

Pendant qu'on inonde Paris
De couplets et de sots écrits,

[1]. On lit dans les *Mémoires de Bachaumont,* à propos de cette pièce : « Les exécrables couplets sur la Reine, quoique détestés par tous les bons Français, se recherchent cependant par les amateurs d'anecdotes et se répandent peu à peu ; on les lit en maudissant l'inventeur sacrilège de tant de calomnies. On suppose que le marquis de Louvois, héritier de son père pour la méchanceté, mais non de son talent pour la bonne et la piquante critique, est auteur de la chanson sur la cour qui a paru précédemment. Celui dont il est question se pique de le surpasser et de prendre un vol plus téméraire... Il plaisante sur le goût puce introduit à la cour ; il travestit criminellement l'amitié de la Reine pour Mᵐᵉ la princesse de Lamballe et, par une supposition plus coupable encore, accrédite d'autres bruits plus affreux ; il va jusqu'à rapporter une lettre prétendue de l'auguste mère de cette princesse qui lui donnerait à cet égard des conseils dictés par une politique vraiment infernale ; enfin il n'est pas jusqu'à M. de Sartine et le duc de Choiseul qu'on fait figurer là de la façon la plus injurieuse. Ce petit poème, production d'une furie, est d'un faiseur

Monsieur Albert [1] reste à rien faire.
Lère-la, lère lan-lère,
Lère-la, lère lan-là.

très exercé en ce genre. La fabrique des vers est correcte, la rime riche et il est peu de chansons mieux faites comme pièces littéraires. Mais il serait à souhaiter que la curiosité irrésistible d'un peuple volage et frivole permît de replonger dans l'oubli dont elle est sortie cette pièce, fruit d'un délire qui mériterait le dernier supplice. »

Les recherches que l'on fit pour en découvrir l'auteur furent sans résultat. « On entendait dire, écrit Hardy, que le sieur Lamoignon de Malesherbes, ministre et secrétaire d'État, ayant le département de Paris, et le sieur Albert, lieutenant général de police, travaillaient de concert et d'après les ordres qu'ils en avaient reçus à découvrir les auteurs des couplets infâmes composés contre la Reine et autres personnes en place à la cour; qu'on avait jeté quelques soupçons sur plusieurs grandes dames et que même on avait déjà conclu et déterminé le genre de supplice auquel ces dames seraient condamnées si elles venaient à être déclarées atteintes et convaincues d'une témérité aussi criminelle. Ce supplice devait consister à demeurer exposées au carcan quinze jours de suite, et deux heures par jour, dans la place du Pont-Neuf, en face de la statue équestre de Henri IV. On faisait de si sérieuses recherches pour ces couplets qu'il était devenu presque impossible de les voir, comme de se les procurer, attendu que personne n'osait les transcrire. On assurait que la Reine était d'autant plus indignée de l'ingratitude des Parisiens, qu'elle ne négligeait rien de tout ce qui pouvait dépendre d'elle pour contribuer à leur bonheur ou à leur soulagement. »

1. M. Albert, conseiller au Parlement et intendant du commerce, avait été nommé par Turgot, dont il partageait les principes économiques, lieutenant général de police (mai 1775) en remplacement de Lenoir. « M. Albert, disent les *Mémoires de Bachaumont*, est un économiste très outré. On ne doute pas que toutes les maîtrises ne soient abolies

Louvois nous fait le méchant tour
De fêter nos dames de cour ;
Prenons un vol plus téméraire.

Chacun se demande tout bas :
Le Roi peut-il ? ne peut-il pas ?
La triste Reine en désespère.

L'un dit qu'il ne peut ériger,
L'autre qu'il ne peut s'y nicher,
Qu'il est flûte traversière.

Ce n'est pas là que le mal gît,
Dit gravement maman *Mouchi ;*
Mais il n'en vient que de l'eau claire.

Lassone[1], à qui le prince écrit
Sur le mal qui glace ... ...,
Hier m'en conta le mystère.

sous peu de temps, si M. Turgot continue à avoir en lui la même confiance... Ce magistrat a le travail lent et lourd ; il manque de cette activité, la partie peut-être la plus essentielle pour la place dont il est chargé. »

1. Premier médecin du Roi et de la Reine. (M.) — La consultation dont parle le chansonnier ne semble pas inventée à plaisir, puisque Bachaumont écrivait à la même époque : « On renouvelle le bruit que le Roi, fâché de n'avoir point d'enfants et ayant consulté la Faculté à cet égard, elle l'a déterminé à subir l'opération convenable, c'est-à-dire à se faire couper le filet en termes de l'art. On espère qu'avec ce léger secours, rien ne contrariera la nature ; que ce monarque et son auguste compagne deviendront parfaitement heureux et nous donneront la postérité désirée. »

Le grand ménage couronné
Est du mot puce enfariné;
Mais chacun l'est à sa manière :

La Reine a le puce inhérent,
Le Roi le prépuce adhérent,
C'est le pré qui gâte l'affaire.

Donc, pour avoir postérité,
Il faut à cet amour botté
Grandir la porte de Cythère.

Antoinette, qui sait cela,
Pour grandir cette porte-là
Fatigue plus d'une ouvrière.

Que de talents sont employés !
Mais ce n'est pas encor assez;
La surintendante[1] a beau faire.

Les ris, les jeux, les petits doigts
Y signalent de vains exploits;
Mais N. N. en font leur affaire :

---

1. Mme de Lamballe. (M.)—Marie-Thérèse de Savoie-Carignan, veuve de Louis de Bourbon, prince de Lamballe, grand veneur de France, avait été nommée surintendante de la maison de la Reine. Louis XVI, cédant aux pressantes sollicitations de Marie-Antoinette, rétablit cette charge vacante depuis la mort de Mlle de Clermont.

Ces noms-là, je veux les cacher,
Car je ne dois pas empêcher
Qu'une reine devienne mère.

Pour apprécier mon sentiment
J'ai la lettre de sa maman
Qui lui mandait encor naguère :

« Ma fille, ayez un successeur ;
Peu m'importe que le faiseur
Soit devant le trône ou derrière ;

Mais, avant de faire un cocu,
Tâchez de l'avoir convaincu
Qu'il a le pouvoir d'être père.

Le travail où je vous induis
Est le chef-d'œuvre de vos nuits ;
Pour les détails, c'est votre affaire ;

Si tout cela n'arrive pas,
Certaines gens je vois là-bas,
Qui vous tailleront des croupières. »

Comme il fut dit, il sera fait ;
Et si la ruse a son effet,
Que maint beau prince ils nous vont faire !

Bientôt, pour notre amusement,
Nous en lirons le doux roman
Malgré Sartine et son compère.

L'un est ministre sans honneur,
L'autre un honnête empoisonneur
Dont on eût dû purger la terre.

C'est le cas de dire ou jamais :
A sot maître, fripons valets;
A froid époux, chaude commère.

Petite Reine de vingt ans,
Qui traitez aussi mal les gens,
Vous repasserez en Bavière :

En attendant ces doux instants,
Le doux fruit de vos passe-temps,
Vous aurez ma chanson, j'espère :
   Lère-la, lère lan-lère,
   Lère-la, lère lan-la.

LES EDITS DE TURGOT[1]

Enfin j'ons vu les édits
   Du roi Louis seize;
En les lisant à Paris,

---

1. Couplets attribués à M. de Lagny, commis des finances. (M.) — Dès le mois de janvier 1776, Turgot avait

J'ons cru mourir d'aise;
Nos malheurs ont eu leur fin,
Çà chantons le verre en main[1] :
　　Vive Louis seize,
　　　O gué,
　　Vive Louis seize !

Je n'irons plus aux chemins,
　　Comme à la galère,
Travailler soir et matin
　　Sans aucun salaire;
Le Roi, je ne mentons pas,
A mis la corvée à bas :

présenté au Roi un mémoire sur la suppression des corvées et des jurandes. En dépit des critiques adressées par le garde des sceaux à ce projet, le Roi se rangea à l'opinion du contrôleur général et les édits approuvés par lui furent adressés au Parlement pour être enregistrés. « Personne ne paraissait douter que le jeune monarque n'eût les meilleures intentions du monde : on assurait même qu'il disait naïvement : M. Turgot et moi, sommes les seuls qui désirions le bonheur du peuple; mais on n'en craignait pas moins que ses successeurs ne vinssent à abuser un jour de tout ce qu'il aurait cru faire pour le soulagement de ses sujets ». (*Journal de Hardy*.)

1. Hardy rapporte quelques faits qui témoignent de l'enthousiasme provoqué par la publication des nouveaux édits : « On vit, dit-il, entre neuf et dix heures du soir (le 17 mars), des illuminations dans plusieurs quartiers de Paris; entre autres endroits chez un horloger, rue Galande; rue Saint-Victor, de la part de quelques garçons boulangers; rue Saint-Nicolas-du-Chardonnet, par des compagnons couvreurs; sur le quai des Morfondus on lisait en transparent ces mots : *Vivent le Roi et la liberté !* »

Oh ! la bonne affaire
O gué,
Oh ! la bonne affaire.

Qu'à son âge notre Roi
Paraît déjà brave ;
Il veut que chacun chez soi
Ne soit plus esclave ;
Et que j'ayons tous bientôt
Lard et poule en notre pot,
Et du vin en cave,
O gué,
Et du vin en cave.

Il ne tient qu'à nous demain,
En toute franchise,
D'aller vendre bière et vin,
Tout à notre guise ;
Chacun peut, de son métier,
Vivre aujourd'hui sans payer
Jurés, ni maîtrise,
O gué,
Jurés ni maîtrise.

On dit que le Parlement [1],
Dedans cette affaire,

---

1. Le Parlement, lésé dans ses intérêts par les réformes de Turgot, avait adressé des remontrances au Roi au sujet des édits qu'il devait enregistrer. Il s'était montré le défenseur résolu des corvées et des jurandes. Pour triompher de

Aux vœux du Roi bienfaisant
  Se rendit contraire.
Du peuple pauvre et souffrant,
Le père, il se dit pourtant :
  Le beau fichu père,
    O gué,
  Le beau fichu père !

Je suis tout émerveillé
  De ceci, compère ;
C'est un double jubilé
  Que nous allons faire :
Mais celui que notre Roi
Nous donne vaut bien, ma foi,
  Celui du Saint-Père,
    O gué,
  Celui du Saint-Père.

son opposition il fallut recourir à un lit de justice (12 mars); ce qui faisait dire à Walpole, justement indigné : « La résistance du Parlement à l'admirable réforme préparée par Turgot et Malesherbes est plus scandaleuse que le plus féroce caprice du despotisme. Ces magistrats, qui s'opposent au bonheur de plusieurs millions d'hommes, ont à moitié absous le chancelier Maupeou de les avoir opprimés. »

ENCYCLOPÉDISTES

ET ÉCONOMISTES

Vivent tous nos beaux esprits
    Encyclopédistes,
Du bonheur français épris,
    Grands économistes ;
Par leurs soins au temps d'Adam
Nous reviendrons, c'est leur plan.
    Momus les assiste,
        O gué,
    Momus les assiste.

1. « Les économistes étaient des sectaires ardents qui, par l'exagération de leurs projets, avaient su captiver l'esprit enthousiaste du ministre trop confiant. Bientôt les presses furent surchargées de plans d'amélioration qui, sapant les principes les plus respectés en religion, en morale et en politique, tendaient à bouleverser l'État sous prétexte d'y ramener l'âge d'or. Aux innovations qui en furent la suite, et dont on prévoyait les funestes conséquences, les Français opposèrent cette arme du ridicule qu'ils savent si bien manier, et, dans la multitude de chansons faites à cette époque, on doit remarquer surtout celle du chevalier de Lisle, capitaine de dragons, qui, connue plus de seize ans avant les malheurs de la France, imprimée alors dans quelques recueils, a non seulement le mérite de la satire la plus amère contre les plans de M. Turgot, mais encore celui d'être la prédiction la plus authentique comme la plus détaillée de tout ce que nous avons éprouvé depuis le commencement de la Révolution. » (*Paris, Versailles et les provinces au* XVIIIe *siècle.*)

On verra tous les états
    Entre eux se confondre,
Les pauvres sur leurs grabats
    Ne plus se morfondre.
Des biens on fera des lots
Qui rendront les gens égaux :
    Le bel œuf à pondre !

Puis, devenus vertueux
    Par philosophie,
Les Français auront des dieux
    A leur fantaisie.
Oui, nous verrons un oignon
A Jésus damer le pion ;
    Ah ! quelle harmonie !

Ce n'est pas de nos bouquins
    Que vient leur science :
Eux seuls, ces fiers paladins,
    Ont la sapience.
Les Colbert et les Sully
Nous paraissent grands, mais fi !
    Ce n'est qu'ignorance.

Du même pas marcheront
    Noblesse et roture :
Les Français retourneront
    Au droit de nature.
Adieu, Parlements et lois,

Les princes, les ducs, les rois,
　　La bonne aventure.

Alors d'amour sûreté
　　Entre sœurs et frères,
Sacrements et parenté
　　Seront des chimères.
Chaque père imitera
Noé quand il s'enivra;
　　Liberté plénière.

Plus de moines langoureux,
　　De plaintives nonnes;
Au lieu d'adresser aux cieux
　　Matines et nones,
On verra ces malheureux
Danser, abjurant leurs vœux,
　　Galante chaconne.

Puisse des novations
　　La fière séquelle
Nous rendre des nations
　　Le parfait modèle!
Et cet honneur nous devrons
A Turgot et compagnons,
　　Faveur immortelle.

A qui devrons-nous le plus?
　　C'est à notre maître,
Qui, se croyant un abus,

Ne voudra plus l'être.
Ah qu'il faut aimer le bien
Pour de roi n'être plus rien !
J'enverrais tout paître,
O gué,
J'enverrais tout paître [1].

UN REPAS DE CARÊME [2]

La déesse du carême
Préparait un grand repas;
Par une rigueur extrême,
La police ne veut pas

[1]. Hardy, après avoir transcrit cette pièce dans son *Journal*, écrivait en note : « La disgrâce du sieur Turgot, éloigné de la cour, le 12 du même mois [de mai], arrêtait l'accomplissement de cette prophétie, en supposant toutefois qu'il eût les sentiments et les intentions que le poète lui prêtait. »

[2]. « Deux de nos belles de la première classe avaient projeté pour le commencement du carême un bal auquel M. le comte d'Artois avait promis de se trouver. Tout à coup il est survenu une défense du Roi qui a fait évanouir ces idées de plaisir. Avant le bal, on aurait joué la comédie; ce devait être une fête très brillante, et Mlle Guimard, qui est d'une maigreur extraordinaire, en aurait partagé les honneurs avec Mlle Du Thé. Soixante-cinq souscripteurs avaient donné chacun cinq louis pour cette fête, dont les apprêts devenus inutiles ont été distribués aux pauvres. On a fait à ce sujet cette chanson. » (*Correspondance secrète de Métra.*)

Qu'un teint si blême,
Dans Paris, du mardi gras
Soit l'emblème.

Avec raison on regrette
Des plaisirs évanouis.
La dépense, toute faite,
Ne montait qu'à cinq louis;
Sous chaque assiette,
L'on aurait eu, tout compris,
Chère complète.

Le spectacle sans licence
Devait être exécuté;
Les ris, la table et la danse
Auraient réduit la gaîté
A l'abstinence,
Et l'on aurait pris Du Thé
Par continence.

Vénus prétend qu'à Cythère
On fait gras dans tous les temps;
Elle voit avec colère
Qu'on impose à ses enfants
Un joug austère,
Et voudrait les rendre exempts
De l'ordinaire.

Règle-t-on comme au collège
Les prêtresses de l'amour?

Elles ont le privilège
De s'amuser nuit et jour :
   La friandise,
Pour sucer les gens de cour,
   Leur est permise.

La raison de cette fête
Avait réglé les apprêts ;
Le souper était honnête,
L'on pouvait aller après
   En tête-à-tête,
Et renoncer aux poulets
   Pour une arête.

Dans ces abondantes sources
L'indigence puisera ;
L'amour a plus de ressources
Que la charité n'en a.
   Sans grandes courses,
Nos quêteuses d'Opéra
   Trouvent des bourses [1].

1. « La demoiselle Dervieux, en sa qualité de surintendante, président au repas, d'après les défenses du Roi, a fait porter tout le festin au curé de Saint-Roch, pour être distribué aux pauvres de la paroisse. On nomme plaisamment ce repas le *Repas des chevaliers de Saint-Louis*, à cause des cinq louis d'écot que chacun payait. » (*Mémoires de Bachaumont.*)

LE PROCÈS DE RICHELIEU[1]

Sur Saint-Vincent et Richelieu
Voilà ce que dira l'histoire :
La présidente est de bon lieu
Que Sévigné couvrit de gloire.

Grâces au puissant cardinal
Qui chez nous flétrit la noblesse,

---

1. Mme de Saint-Vincent, après avoir fait des avances au maréchal de Richelieu et entretenu avec lui de très courtes relations, avait mis en circulation pour cent mille écus de billets souscrits par lui. Le maréchal déclara les billets faux, refusa de les payer, et intenta à son ancienne amie une action criminelle, dont l'issue lui fut médiocrement favorable.

« Les billets, évidemment faux, furent déclarés tels, et Mme de Saint-Vincent fut condamnée à rembourser ceux qui avaient été négociés. Elle n'obtint aucuns dommages et intérêts, quoique mise en prison par le crédit du maréchal ; elle fut même condamnée aux dépens, ce qui prouve bien que le Parlement vit en elle l'auteur des faux billets. L'arrêt enjoint à Vedel et Bénevent d'être plus circonspects à l'avenir, et condamne le maréchal aux dépens envers eux... Les autres accusés furent déchargés d'accusation ; le maréchal également condamné envers eux en des dommages et intérêts et aux dépens... Il fut permis d'imprimer cinquante exemplaires de l'arrêt, dont dix pouvaient être affichés ; le tout aux frais du maréchal. On voit qu'il ne gagna que ce qu'il ne pouvait pas perdre. Il est vrai que les billets étaient déclarés faux, ce qui était l'essentiel pour lui ; mais il perdit autant que s'il eût payé les cent mille écus. » (*Mémoires du duc de Richelieu.*)

Un danseur qui b.... sa nièce
Fut duc, aïeul du maréchal.

De leur procès, chose assez claire,
En deux mots voilà tout l'extrait :
A la cousine il n'a pas fait
Les billets qu'il aurait dû faire.

Soyons justes : couvert d'ulcères,
Quand le vieux duc est tout usé,
Pour rien doit-il être b.....?
Non, toute peine vaut salaire [1].

En plaidant, quelle est donc sa fin ?
Que Charlot pende sa cousine !
Mais tout chevalier, à sa mine,
Dira qu'on pende le cousin.

Avec lui qu'elle ait fait folie,
Je ne vois de mal à cela,
Que d'oublier le coutelas
De la veuve de Béthulie.

---

1. Mme de Saint-Vincent était de cet avis, ainsi que le prouve la réponse piquante qu'elle adressa au maréchal dans une de leurs confrontations. M. de Richelieu, s'obstinant à nier qu'il lui eût jamais fait de billet de cent mille écus, lui dit avec amertume : « Mais, madame, regardez donc votre figure ; cela se payerait-il une somme aussi exorbitante ? — Je n'ai pas cette présomption, répliqua la présidente ; mais vous, monsieur le maréchal, considérez la vôtre, et voyez s'il faut moins que cela pour la faire passer. »

Elle aime bien son cher Vedel,
Le duc l'aime aussi, mais en traître;
Aux catins il livra son maître
Et fit de Bordeaux un b.....

La dame, en ruse peu féconde,
N'a tout au plus trompé que lui;
Mais en tout temps, comme aujourd'hui,
Le duc escroqua tout le monde.

S'il faut donc qu'en plein Parlement
On prononce un arrêt notable,
La loi, du moins, lorsque l'on pend,
Veut qu'on pende le plus coupable.

LES MINISTRES

Que notre roi consulte Maurepas,
    Qu'il soit son mentor et son guide,
    Qu'à tous les conseils il préside,
      Cela ne me surprend pas :
Mais qu'à Turgot ce mentor s'abandonne,
    Qu'il laisse ce ministre fou,
    Dont tout le public est si soûl,
    A notre État casser le cou,
      C'est là ce qui m'étonne.

Dans tout Paris, au milieu du fracas,
    Que personne ne s'entretienne
    Du gobe-mouche Vergenne [1],
      Cela ne me surprend pas :
Mais qu'avec lui notre pauvre couronne,
    Dont l'honneur est un peu déchu,
    Dans l'Europe n'ait pas reçu
    Quelque coup de pied dans le c..,
      C'est là ce qui m'étonne.

Que Saint-Germain connaisse les soldats,
    Qu'il soit un brave homme à la guerre,
      Et qu'on l'élève au ministère,
      Cela ne me surprend pas :
Mais qu'il admette auprès de sa personne

---

1. M. le comte de Vergennes, ci-devant ambassadeur en Suède, ministre et secrétaire d'État, ayant le département des affaires étrangères, depuis la disgrâce du duc d'Aiguillon. (M.) — « Il joignait à un esprit juste des intentions droites, une connaissance approfondie des cabinets de l'Europe et un grand zèle pour faire respecter le nom, la politique et la jeunesse du Roi dans les cours étrangères. Ses démarches, guidées par une longue expérience, étaient sages et mesurées ; sa probité était connue ; mais sa pénétration n'avait pas cette étendue que donne le génie pour placer à propos des combinaisons de cabinet au-dessus du niveau des événements qu'il faut savoir faire naître pour atteindre le but qu'on se propose ; son esprit, trop timide et trop circonspect, n'était pas capable de ces grands élans qui commandent l'admiration et entraînent avec eux l'opinion publique ; on ne l'a vu cheminer que terre à terre, faisant quelquefois de faux pas, mais jamais de chutes dangereuses. Les courtisans qui se permettent

Un petit Guibert[1], un pied-plat,
Qui se croit un homme d'État,
Et qui dans le fond n'est qu'un fat,
C'est là ce qui m'étonne.

Que de Sartine[2] on ait fait quelque cas,
Quand il n'exerçait que l'office
De lieutenant de police,
Cela ne me surprend pas :
Mais qu'on lui trouve une tête assez bonne
Pour une place où ce chrétien
En conscience n'entend rien
Et ne fera jamais le bien,
C'est là ce qui m'étonne.

d'exercer leur censure sur les ministres qui ne sont pas de leur bord lui refusaient de la dignité dans son maintien avec les ambassadeurs; ils trouvaient sa manière de traiter franche et loyale, à la vérité, mais par trop bourgeoise. Quand on est l'organe, l'interprète et le représentant d'un grand roi, quand on stipule les intérêts d'une grande nation, on doit, sans emprunter les échasses de la médiocrité, avoir toujours l'attitude de la grandeur. » (*Mémoires de l'abbé Georgel.*)

1. Personnage médiocre sans doute, ou peut-être désagréable aux militaires, qu'il avait choisi pour son homme de confiance et qui avait composé un ouvrage sur la *Tactique*. (M.)

2. M. de Sartine, ci-devant conseiller d'État et lieutenant général de police, ministre et secrétaire d'État au département de la marine, depuis la disgrâce du sieur Bourgeois de Boynes. On voulait qu'il eût plus de finesse et d'esprit de cour que de véritable science; il avait beaucoup d'aménité et était d'un facile accès. (M.)

Année 1776.

Que Lamoignon [1] trouve aussi peu d'appas
    Au ministère qu'il occupe
    Qu'aux amusements de la jupe,
      Cela ne me surprend pas :
Mais qu'un mortel qui pense et qui raisonne,
    Qui n'est ni bête, ni cagot,
    Se laisse traiter d'ostrogoth
    Pour soutenir son cher Turgot,
      C'est là ce qui m'étonne.

Qu'avec des gens, sur l'honneur délicats,
    Saint-Germain traite et leur confie
    Des vivres l'utile régie,
      Cela ne me surprend pas :
Mais qu'il s'obstine à vouloir qu'on la donne,
    Pour enrichir ses favoris,
    A des fripons qui, dans Paris,
    Sont déshonorés et flétris,
      C'est là ce qui m'étonne.

---

1. M. de Malesherbes, plus amateur de la chimie et de la littérature, en général, qu'adulateur du beau sexe. (M.)

CONTRE SOPHIE ARNOULD

Vieille serinette cassée [1],
Cadavre infect, doyenne des p.....,
   O toi, dont la gueule édentée,
    Vomit à grands flots les venins
    De ta langue pestiférée,
Oses-tu bien, dans ton b..... d'esprit
(Où préside avec toi cet avocat proscrit
   Par la justice et par sa compagnie) [2],
Déchirer ce grand homme, ami de Polymnie,
Qui nous peignit *Orphée, Alceste, Iphigénie,*
    Que tout l'univers applaudit [3].
    De la fable serpent maudit,
    Tu mors une lime endurcie
    A la chaleur qui réfléchit
    Le feu pétillant du génie;
    Ces trois chefs-d'œuvre, en dépit
    Des serpents de ta jalousie,
    Ne craignent point ta dent pourrie
    Et leur auteur qui te défie

---

1. « Mlle Arnould n'était point jolie ; sa bouche déparait son visage, ses yeux seulement lui donnaient une physionomie où se peignait l'esprit remarquable qui l'a rendue célèbre. » (*Mémoires de Bachaumont.*)
2. L'avocat Linguet. (M.)
3. Le chevalier Gluck. (M.)

Brave ta cabale, et se rit
Des efforts de ta noire envie.
O toi ! dont les accents animent nos concerts,
Poursuis, aimable Rosalie [1],
Unis ces dieux qui charment l'univers,
Celui des arts et celui d'Idalie,
Jouis de leurs douces faveurs;
Séduis nos yeux, nos oreilles, nos cœurs;
Laisse crier ta jalouse ennemie,
Tes talents font son désespoir ;
Et du Temps qui la fait déchoir,
Bientôt, sur sa tête blanchie,
La faux terrible appesantie
N'offrira plus aux regards indignés

---

1. La demoiselle Rosalie Levasseur, première chanteuse de l'Opéra et maîtresse de l'ambassadeur de l'Empereur, le comte de Mercy-Argenteau, avait obtenu, au préjudice de Sophie Arnould, le rôle d'*Alceste,* dans l'opéra de ce nom, représenté pour la première fois le 23 avril. Cette faveur lui avait été accordée sans peine par l'auteur de la musique, le chevalier Gluck, qui logeait chez elle. Sophie Arnould prit mal la chose : « Elle a plaisanté sur sa rivale, disent les *Mémoires de Bachaumont;* elle a ameuté toute sa cabale contre elle, et c'est ce qui a enfanté du côté de Rosalie une satire atroce et dégoûtante contre la demoiselle Arnould, qui ne mériterait pas de produire la moindre sensation dans un autre lieu que les foyers de l'Opéra, et entre deux autres émules que deux catins. Mais les nombreux partisans de ces impures donnent de la vogue à cette facétie pitoyable.

« La demoiselle Rosalie a rendu le rôle d'*Alceste* avec beaucoup de sentiment, d'expression et de vérité ; il est fâcheux que la noblesse de sa figure ne réponde pas à celle du personnage. » (*Mémoires de Bachaumont.*)

Qu'un squelette hideux, une horrible furie,
Pleurant, au déclin de sa vie,
Les maux affreux qu'elle a gagnés,
Dont saint Côme et sa casserole
N'ont jamais pu bien nettoyer
Son profond et large foyer,
Où tout Paris attrapa la v.....[1].

PORTRAIT DE TURGOT

Fougueux, vain, rétif et brutal,
Il mord, il rue, il heurte, il casse;
Est-ce un mulet? est-ce un cheval?
Point du tout, c'est un homme en place.
Un peu d'avoine, un peu de foin,
Mènent un ministre bien loin.

Esprit, savoir, vertu, bon sens,
Il croit que c'est son apanage;
Mais il veut les garder longtemps,
Car il en fait fort peu d'usage.

---

1. Cette pièce fut composée par Guichard. Métra nous apprend que Mlle Arnould eut l'esprit de la rendre publique.

Voulant nous donner du nouveau,
Il unit dans son ministère
Pour chancelier, l'abbé Baudeau [1],
Et pour subdélégué Voltaire.

Rien de bien, tout mal, calcul fait,
Voilà, soit dit sans nul reproche,
De ses projets le produit net,
Aussi s'en va-t-il par le coche :
Un peu d'avoine, un peu de foin,
Mènent un ministre bien loin.

---

1. L'abbé Nicolas Baudeau, qui dirigeait les *Éphémérides du citoyen*, était l'un des membres les plus actifs de la secte des économistes.

Voltaire se montra l'un des partisans les plus convaincus de Turgot. « C'est un homme bien supérieur, écrivait-il, et s'il ne fait pas de la France le royaume le plus florissant de la terre, je serai bien attrapé ». Il défendit les idées du ministre, attaquées par Necker dans son ouvrage sur le *Commerce des grains*, et qualifia le lit de justice du 12 mars de *Lit de bienfaisance*. Il faillit même, si l'on en croit une information de Métra, joindre les actes aux paroles et prêter son concours à Turgot dans son œuvre de réformes « M. Turgot, rapporte le nouvelliste, a proposé au Roi de charger M. de Voltaire de diriger un essai de la levée de l'impôt unique dans le pays de Gex. Le ministre sollicitait aussi le titre de marquis pour cet homme célèbre, mais le Roi a craint le reproche d'honorer l'irréligion. » Le renvoi du ministre lui arracha cette exclamation dans une de ses lettres : « Ah! mon Dieu! quelle funeste nouvelle j'apprends! La France aurait été trop heureuse; que deviendrons-nous... Je suis atterré et désespéré. »

LA DISGRACE DE TURGOT [1]

En tout temps, en tous lieux à se nuire acharnés,
    Légers, méchants, cruels, pusillanimes,
Par le crime ou l'erreur les mortels entraînés
Sont dupes ou fripons, oppresseurs ou victimes.
Qui les rendra jamais meilleurs ou plus heureux !
    Les insensés repoussent la lumière :
    Que reste-t-il à l'homme vertueux,
Quand, au bout d'une longue et pénible carrière,
    Sur ses travaux il détourne les yeux ?
Des regrets ; près de lui, dans un calme stupide,
Les objets de ses soins demeurent endormis
    Et soumettent un col timide

---

1. Le clergé, la magistrature et la finance, qui d'un commun accord détestaient le contrôleur général, intriguaient activement pour obtenir son renvoi ; le propre frère du Roi, le comte de Provence, s'amusait à railler dans un pamphlet clandestin le ministre et ses réformes. Abandonné par Maurepas, et desservi auprès du Roi par Marie-Antoinette, Turgot fut renvoyé, le 2 mai 1776 ; le même jour, Malesherbes, que l'opposition faite aux réformes de son collègue et aux siennes avait dégoûté du ministère, donnait sa démission. « Les grands de la cour, les gens d'Église et les financiers, qui ne trouvaient pas tout à fait leur compte avec ces deux ministres, témoignaient la plus grande satisfaction de leur éloignement ; mais il n'en était pas de même d'un grand nombre d'autres personnes de différentes classes de citoyens, qui gémissant sur la mobilité des choses humaines, ne pouvaient s'empêcher de

Au joug qui les tient asservis.
Le crime cependant, l'intérêt et l'envie
Veillent pour exciter le désordre et l'abus,
Et la vertu du sage, inutile, avilie,
Est pour la fraude active un triomphe de plus.
 Toi, qui promis de beaux jours à la France,
  Qui fis marcher la Liberté
  Sur les pas de la Bienfaisance
 Et près du trône asseoir la Vérité ;
Quand à l'homme de bien tu rendais l'espérance,
  Quand le pervers, épouvanté,
  Poursuivi par l'intégrité,
  Voyait approcher la vengeance,
  Par une douce erreur réduit
  Au bonheur enfin j'osais croire ;
Prestige trop flatteur qu'un instant a détruit,
 Dont je conserve à regret la mémoire,

regretter la probité connue du sieur Turgot, que ses plus grands ennemis même regardaient comme absolument incapable de dissiper les deniers royaux ou de les détourner à son profit, mais qui avait eu le malheur de se livrer trop aveuglément aux projets mal combinés et peu réfléchis des gens à système dont il était environné... A Versailles, on avait fait éclater de toutes parts la plus grande joie aussitôt que la nouvelle s'y était répandue. Monsieur et M. le comte d'Artois, frères de Sa Majesté, avaient manifesté la leur avec une sorte d'indécence. Quelques personnes regardaient comme le plus bel éloge qu'on pût faire de ce ministre la satisfaction qu'avaient presque tous les grands de la cour de le voir écarter, en ce qu'il ne pouvait avoir à leur égard d'autre tort que celui d'avoir voulu réprimer leur cupidité insatiable et leur amour effréné pour les folles dépenses. » (*Journal de Hardy.*)

Et qu'il faut oublier puisqu'il s'évanouit.
 Il est donc vrai ! toute illusion cesse,
Le bien n'est parmi nous connu ni désiré ;
  L'homme, artisan de sa détresse,
 A des tyrans s'est lui-même livré !
J'ai vu de nos revers le plus triste présage,
Oui, j'ai vu le méchant triomphant, honoré,
  Jouir des disgrâces du sage,
Et du malheur public qu'il avait préparé ;
 Je l'ai vu prêt à ressaisir sa proie
 Que contre lui défendaient les vertus ;
Par les cris insolents d'une odieuse joie,
Nous annoncer, Turgot, qu'il ne te craignait plus.
Le vil brigand qui cache au fond de sa tanière
  Ce que son crime lui produit,
Du jour qui nous protège abhorre la lumière,
  Il triomphe dès qu'il fait nuit.

DEUX GENS DE BIEN [1]

 Deux gens de bien
  Se trouvaient à Versaille ;
Deux à la fois, c'était grande trouvaille ;
Aussi chacun était émerveillé.

1. Au sujet du renvoi de Turgot et de la retraite de Malesherbes. (M.) — « On voyait entre les mains de quelques personnes des copies manuscrites d'un rondeau aussi sin-

Mais tout fripon craint d'être surveillé :
Des Parlements la vénale canaille,
Des financiers la basse valetaille,
D'Ogny[1], Sartine et la fourbe prêtraille[2]
Ont si bien fait que l'on a renvoyé
   Deux gens de bien.

Allez, fripons, et faites bien ripaille ;
La cour sera votre champ de bataille.
Pour vous exprès tout y sera trié :
Ministres, ducs, tout est appareillé ;
Grâces à vous, il n'est plus à Versaille
   Deux gens de bien[3].

gulier que méchant, composé à l'occasion de la disgrâce du sieur Turgot et de la retraite du sieur de Malesherbes », lisons-nous dans le *Journal de Hardy*. Ce rondeau peut être singulier, mais il était moins méchant que le prétend notre chroniqueur. Hardy lui-même, comme on a pu le voir, n'était-il pas de l'avis du chansonnier ?

1. Directeur et fermier des postes. (M.)

2. On prêtait à M. l'archevêque de Paris d'avoir dit que les prières du jubilé avaient opéré le renvoi de ces deux ministres. (M.)

3. Malesherbes se trouvait déplacé au milieu des intrigues et des tracasseries de la cour dont son âme honnête et loyale ne pouvait s'accommoder. « Il demandait à se retirer depuis plus d'un mois, ce qui n'était pas surprenant, attendu que son caractère, de franchise, de désintéressement et d'équité, ne pouvait en aucune façon s'amalgamer avec les intrigues qui y régnaient ; il désirait, s'il fallait en croire quelques personnes qui parlaient comme d'après lui, sauver au moins un quart de son honneur, craignant d'avoir déjà perdu les trois autres quarts, depuis le peu de temps qu'il était en place. » (*Journal de Hardy.*)

REQUÊTE
DES SOLDATS FRANÇAIS
A LA REINE [1]

Reine, des vieux guerriers, d'intrépides soldats,
Honneur de leur pays, soutiens de vos États,
Viennent de leurs malheurs vous présenter l'image;
Ils tombent à vos pieds! votre plus beau partage,
Le plus grand de vos droits, et le plus précieux,
Est d'essuyer les pleurs des sujets malheureux.
Nos sanglots étouffés ne peuvent se contraindre;
Nous ne murmurons pas, mais nous osons nous plaindre.
Ah! faut-il déclarer l'objet de nos ennuis!
Ah! faut-il prononcer! nous sommes avilis :

---

1. A propos des coups de plat de sabre prescrits par le comte de Saint-Germain, comme châtiment disciplinaire dans l'armée. — « L'ordonnance des coups de plat de sabre a excité l'enthousiasme d'un anonyme, qui a enfanté une pièce de vers en forme de *Requête à la Reine* pour toucher le cœur de S. M. et l'engager à intercéder auprès de son auguste époux, afin qu'il ordonne la révocation de cette peine, infamante, ne fût-elle point exécutée, tant qu'elle subsistera dans l'ordonnance. Cette épître est écrite en style noble, elle est pleine de sentiments; elle n'a que le défaut d'être trop longue. Elle n'est que manuscrite et ne peut guère paraître imprimée publiquement, tant que M. le comte de Saint-Germain restera en place. » (*Mémoires de Bachaumont.*)

Un ordre de Louis flétrit notre existence ;
Lui-même a confirmé cette horrible sentence.
Quoi ! ces mêmes héros, enfants de la victoire,
Que Bayard conduisit dans les champs de la gloire,
Ces soldats, qui jadis élevant leurs pavois
Jouissaient du pouvoir de se créer des rois,
D'un déshonneur public éprouvent l'infamie !
L'univers est témoin de leur ignominie !
Le Français ne suit plus la voie de la valeur ;
Par le frein de la crainte on veut guider son cœur !
Et pour comble de maux, dirons-nous d'injustice,
L'instrument de leur gloire est celui du supplice....
Si le ciel eût permis que vous eussiez pu voir
Sur nos fronts pâlissants les traits du désespoir,
La douleur de nos chefs et leurs voix incertaines
Nous lire en frémissant cet arrêt douloureux,
Votre cœur eût gémi sur tant de malheureux.
Dans quel moment encor un revers si funeste
De nos jours de douleur vient-il flétrir le reste !
Nous avons vu briller l'aurore du bonheur,
Tout semblait annoncer un règne de douceur.
Hélas ! nos cœurs ouverts à la reconnaissance
D'un monarque chéri bénissaient la clémence.
Il venait d'abolir cette loi de rigueur
Qui livrait à la mort un soldat déserteur.
Nos camps retentissaient de nos cris d'allégresse,
Son nom parmi nos rangs se répétait sans cesse.
Quel silence effrayant succède à nos clameurs !
De longs gémissements annoncent nos douleurs :
Si l'on entend des cris ce sont des cris funèbres ;

Nous recherchons la nuit et l'horreur des ténèbres.
Pourquoi des malheureux éloignez-vous la mort?
Ah! livrez-nous plutôt à la rigueur du sort.
A cette loi de sang rendez son existence;
Nous allons entrevoir la désobéissance.....
Qui parmi des soldats osera le premier
Remplir d'un vil bourreau l'exécrable métier?
Quand la rigueur des lois les a jugés coupables
Nous n'avons pas frémi d'immoler nos semblables;
Mais les déshonorer..... non, jamais des soldats
Ne prêteront leurs mains à de tels attentats.
Nous aimons mieux périr..... Reine, le vrai courage
Peut survivre au malheur, mais non pas à l'outrage.
Et c'est toi, Saint-Germain! ah! quand sous nos drapeaux
Tu fixais la victoire et guidais nos travaux,
Tu n'as pas employé la voix de la menace:
Du sang de nos guerriers tu respectais l'audace.
Le temple de l'Honneur par nous te fut ouvert;
Rougis-tu des lauriers dont nous t'avons couvert?
Va! le cœur des Français sera toujours le même,
Il suit avec ardeur un préjugé qu'il aime;
On n'a jamais besoin d'exciter sa valeur.
Ouvre nos cœurs sanglants, tu trouveras l'honneur.
Qu'aux habitants du Nord la discipline austère
Inflige un châtiment qu'elle a cru nécessaire,
Esclaves plus longtemps et plus tard policés,
Courbés dessous le joug, leurs cœurs sont affaissés;
Des fers de l'esclavage ils ont encor l'empreinte.
Des serfs peuvent sans doute obéir à la crainte :
Mais nous, le sentiment est notre unique loi;

Librement un soldat se consacre à son roi,
C'est du trône français le plus bel apanage.
Pourquoi vouloir détruire un aussi noble usage?
Rivaux de notre gloire, on a vu les Bourbons
Se disputer l'honneur d'être nos compagnons;
Et tu prétends flétrir ces titres respectables !
Que ferais-tu de plus, si nous étions coupables?
Pour connaître nos maux, viens passer dans nos rangs;
Tu n'y trouveras plus que des soldats tremblants,
Calculant les instants qu'ils ont encore à suivre
Les drapeaux sous lesquels ils se plaisaient à vivre.
Nos regards languissants, ternis par nos malheurs,
S'élèvent vers les cieux, laissant couler nos pleurs.
Moins il est mérité, plus le mal est terrible;
A notre état cruel tout le monde est sensible.
Ces soldats vétérans que leur malheur poursuit,
Qui de leur sang versé perdent l'unique fruit,
Invalides héros bannis de leurs asiles,
Ne pleuraient que sur nous en passant par nos villes;
Sur des chars entassés ces vieillards vertueux,
Pour plaindre notre sort ne s'occupaient plus d'eux.
Ils aimaient à douter du sujet de nos peines,
Ils rassuraient encor leurs âmes incertaines;
Mais quand de notre arrêt ils ont lu la rigueur,
Ils baissaient leur épée et frémissaient d'horreur.
A tant de malheureux soyez donc favorable,
Épouse de Louis ; votre main secourable
Sur le gouffre des maux peut nous servir d'appui :
Le Roi pour les calmer doit n'écouter que lui.
Songez qu'en flétrissant les vrais soutiens du trône

La honte du soldat jaillit sur la couronne.
Du sort qui nous menace éloignez la rigueur,
Et rendez-nous la vie en nous rendant l'honneur[1].

1. Le baron de Besenval appréciait plus équitablement les intentions du ministre de la guerre. « On attendit, écrit-il, avec autant d'impatience que de crainte les changements qu'il avait annoncé devoir faire dans toutes les parties du militaire. Les bases de son système portaient sur de bons principes. Il voulait une subordination graduelle, exacte, un service ponctuel et suivi. Connaissant combien l'esprit des grands seigneurs en France est contraire à ces principes, il chercha à les éloigner du militaire, et ses premières opérations devaient être la réforme de tous ces corps de faste et à privilège, de ces charges honoraires contraires à la discipline et à l'administration... M. de Saint-Germain, qui ne connaissait que l'esprit de l'étranger et les garnisons françaises, s'imagina changer celui des Français et faire plier sous sa volonté des gens qu'un roi absolu et tout-puissant aurait bien de la peine à réduire. Il ne tarda pas à connaître qu'il s'était lourdement trompé. » Mais M. de Saint-Germain ne se borna pas à soulever contre lui les colères des courtisans, lésés par ses réformes. « Il trouva le moyen de mécontenter les soldats français par un système bien contraire aux préjugés nationaux et propre à affaiblir ce sublime principe d'honneur qui, en tout temps, leur fit affronter les plus grands périls par la persuasion même de leur supériorité sur les troupes étrangères qu'on conduisait par la crainte des plus vils châtiments corporels. Il établit que les fautes militaires, punies jusqu'alors par la prison, le seraient dorénavant par les coups de plat de sabre. Cette ordonnance ayant été lue à la tête des corps qui en furent dans la plus grande indignation, un grenadier gascon, de la garnison de Strasbourg, s'écria : Sandis, nous aimerions mieux le tranchant. On voit que M. de Saint-Germain était bien loin de connaître l'esprit du militaire français. »

MADEMOISELLE DUPARC

ET SON NOTAIRE

Sur un vélin aussi blanc que l'albâtre,
Belle Duparc, vous laissez à huis clos
Passer un acte à ce fin Monsieur Clos[1];
Bailleur de fonds il a le privilège.

L'acte est-il bon, fait par un seul notaire?
Ah! croyez-moi, prenez vos sûretés;
Comparaissez, de peur de nullités,
Par-devant Clos assisté d'un confrère.

Soyez au guet, s'il quitte une minute,
Au jeune clerc il faudra la donner
Pour l'expédier et collationner;
C'est là son fait : Clos garde la minute.

Ce Monsieur Clos est, dit-on, l'un des aigles,
Mais quoiqu'il dresse assez bien l'instrument,
Confiez-moi votre pièce un moment,
Cela se peut sans déranger les règles.

---

1. Notaire, très épicurien, grand amateur des belles; le conseil, l'ami, le consolateur des impures; d'ailleurs, riche comme il faut l'être pour soutenir l'éclat de qualités aussi respectables. (M.)

Je suis ami de la vérité nue,
Clos ne veut pas que l'on se mette en frais;
Il vous soutient que pour vos intérêts
Il n'est pas temps encor qu'on insinue.

De l'acte enfin aucun n a connaissance,
Jusqu'à présent on n'a pu contrôler;
Par représaille est-il bien de voler
Des droits acquis à la haute finance?

EPIGRAMMES DIVERSES

SUR NECKER [1]

De ton choix, ô Necker, le dévot alarmé
 Crie en vain : Quel scandale énorme!
Pour régir son trésor, quoi! Louis a nommé

---

1. Jacques Necker, banquier genevois, s'était fait remarquer par un traité sur la *Législation et le commerce des grains,* en opposition avec les principes de Turgot et par un mémoire qu'il avait remis à Maurepas sur les moyens de combler le déficit, lorsqu'il fut adjoint au nouveau contrôleur général, Taboureau des Réaux, en qualité de directeur du Trésor (22 octobre 1776). Comme il était protestant, le cardinal de la Roche-Aymon, grand aumônier, crut devoir, au nom du clergé de France, protester auprès du Roi contre sa nomination.

Un enfant de Genève, un maudit réformé. —
    C'est qu'il s'entend à la réforme.

SUR LA HARPE [1]

Ce n'est point si mal à propos
Que La Harpe, à l'Académie,
Malgré toute son infamie,
Siège vainqueur de ses rivaux.
Grâces à la vertu magique
De son fauteuil soporifique,
Il va nous laisser en repos.

SUR GLUCK [2]

Pour Jubilé l'on représente *Alceste ;*
Les confesseurs disent aux pénitents :
Ne craignez rien : à ce drame funeste

---

1. La Harpe fut reçu à l'Académie française le 20 juin 1776. Il y remplaçait Colardeau.
2. Le compositeur Gluck dut à la protection de Marie-Antoinette, qui avait été son élève, de pouvoir faire représenter ses œuvres lyriques à l'Opéra de Paris. Il débuta en 1774 par *Iphigénie en Aulide* et en 1776 il donna *Alceste;* ces deux pièces, accueillies avec enthousiasme par ses partisans, furent dénigrées par ses adversaires, qui commençaient à former un parti redoutable.

Pour station, allez tous, mes enfants :
Par là, bien mieux, dans ce temps d'abstinence,
Mortifierez vos goûts et vos plaisirs;
Et si parfois vous avez des désirs,
Demandez Gluck pour votre pénitence.

SUR L'ACADÉMIE FRANÇAISE[1]

Des favoris de la muse française
D'Angivillier rend le sort assuré;
Devant leur porte il a fait mettre un pré
Où désormais ils pourront paître à l'aise.

1. Couplet sur les pièces de gazon que M. le comte d'Angivillier, directeur général des bâtiments, a fait semer dans la cour du Louvre, vis-à-vis la salle où l'Académie française tient ses séances. (M.)

ANNÉE 1777

LES AUTEURS

DU *JOURNAL DE PARIS*[1]

Cadet, d'Ussieux et Corancez
Sont trois lettrés de conséquence;

[1]. Tandis que l'Angleterre possédait depuis 1702 son journal quotidien, le *Daily Courant,* la France n'eut le sien qu'en 1777, lors de la publication du *Journal de Paris*. Dès le mois de novembre 1776, des prospectus détaillés avaient appelé l'attention du public sur cette nouvelle feuille, dont le programme aussi étendu que varié comportait les nouvelles de la ville et de la cour, de la littérature, des beaux-arts, des théâtres et des fêtes, les questions de science, d'économie politique et de finances, les actes du gouvernement et de ses délégués, le cours des rentes des effets publics, des comestibles et des fourrages. Le premier numéro parut le 1ᵉʳ janvier 1777, et le nouveau journal, en dépit des attaques de ses rivaux, obtint rapidement un grand succès. « Un journal de tous les matins, disait Garat, était tellement approprié au goût des Français, qu'on ne faisait plus de déjeuner où celui-là ne fût à côté du chocolat ou du café à la crème. »

Par qui seraient-ils effacés,
Cadet, d'Ussieux et Corancez ?
Prenez leur journal et lisez,
Vous direz avec assurance :
Cadet[1], d'Ussieux[2] et Corancez[3]
Sont trois lettrés de conséquence.

Cadet, d'Ussieux et Corancez
Sont tout remplis d'intelligence ;
Peuples savants, applaudissez
Cadet, d'Ussieux et Corancez.
Sont-ils par la crainte poussés,
Ils critiquent avec prudence.

1. Antoine Cadet de Vaux, célèbre pharmacien et chimiste français, créa, en 1777, sur les conseils de Duhamel et Parmentier, le *Journal de Paris,* qu'il dirigea sans discontinuer ses études sur les applications de la chimie aux usages ruraux et domestiques. Il s'occupa également de viticulture, importa en France les comices agricoles et publia un très grand nombre de brochures et de traités scientifiques.

2. Louis d'Ussieux, littérateur français, dont la collaboration au *Journal de Paris* commença la réputation, en attendant qu'il se fît connaître par des traductions, des nouvelles historiques et des études d'agriculture. On lui doit également une *Collection universelle des mémoires particuliers relatifs à l'histoire de France* et une *Bibliothèque universelle des dames,* sorte d'encyclopédie résumée de toutes les sciences.

3. Olivier de Corancez, employé des fermes, qui consacrait ses loisirs à la culture des lettres, fut un des fondateurs et principaux rédacteurs du *Journal de Paris*. Il composa un petit volume de poésies, précédé de notices fort intéressantes sur Gluck et sur J.-J. Rousseau, dans l'intimité duquel il avait vécu.

Cadet, d'Ussieux et Corancez
Montrent quelquefois du courage.
Voulez-vous les voir élancés,
Cadet, d'Ussieux et Corancez,
Contre les auteurs délaissés
Qui ne font ni bruit ni tapage?

Cadet, d'Ussieux et Corancez,
C'est un plaisir de vous connaître;
Dites-le, vous qui connaissez
Cadet, d'Ussieux et Corancez.
De l'esprit ils en ont assez
Pour ne pas le faire paraître.

Cadet, d'Ussieux et Corancez,
Oh! les jolis noms pour l'histoire!
Un jour ils y seront placés,
Cadet, d'Ussieux et Corancez;
Par eux, les Gacons, les Visés
Verront s'éclipser leur mémoire.
Cadet, d'Ussieux et Corancez,
Oh! les jolis noms pour l'histoire!

LA POLITIQUE

MAUREPAS est le Nestor
    Qui gouverne en France;
On dit que c'est un trésor,
    Un puits de science;
Les Pitt, les Albéroni
Ne sont rien auprès de lui.
C'est là mon système, moi,
    C'est là mon système.

Parlez-moi du temps présent,
    Pour la politique;
Vergenne est assurément
    Un homme à rubrique.
Querelleur ne fut jamais,
Toujours il aime la paix.
    Vive un tel ministre!

Chacun choisit ses héros
    A sa fantaisie;
Pour moi, j'aime le repos
    Autant que la vie.
Nous allons être à présent
Battus, et jamais battants,
    Grâce à de Vergenne.

Choiseul était autrefois
L'honneur de la France :
Il fit trembler les Anglois ;
Mais, pour moi, je pense
Que Vergenne, en pareil cas,
Dans ses chausses eût fait caca.
C'est la différence,
O gué,
C'est la différence.

LES INSURGENTS [1]

Pour amuser notre loisir
Sans blesser la décence [2],

1. Les colonies anglaises de l'Amérique du Nord, irritées des impôts auxquels la métropole prétendait les assujettir, s'étaient soulevées contre elle, en proclamant l'indépendance des *États-Unis d'Amérique,* et avaient engagé une guerre dont l'issue devait consacrer leurs revendications.

2. « Si les Français rient de leurs propres maux, on ne doit pas s'étonner qu'ils rient de ceux des autres. On a fait ici une chanson sur les *Insurgents,* qui contient succinctement tous les faits relatifs à cette guerre. On peut la regarder comme un vaudeville politique dont la plaisanterie consiste dans le refrain. Suivant l'air de *Joconde,* sur lequel il est, on appuie fort et l'on reste sur la première syllabe du mot *Continent.* C'est la chanson à la mode qui amuse beaucoup la ville et la cour. » (*Mém. de Bachaumont.*)

Il est naturel de choisir
    Ce que l'on aime en France :
Il faut donc sur un nouveau ton,
    Comme notre musique,
Ne parler ici que du con-
    Tinent de l'Amérique.

Qu'a donc fait certain général,
    Dans cette injuste guerre?
Aux Insurgens fort peu de mal,
    Beaucoup à l'Angleterre.
Ces fiers ennemis de Boston,
    De honte ou de colique,
Meurent à la porte du con-
    Tinent de l'Amérique.

Il en coûte bien des écus
    A plus d'un royaliste,
Le tout pour ne voir que des c...
    Que l'on suit à la piste;
Mais malgré tant d'exploits, dit-on,
    Le Sire britannique
N'aura jamais un poil du con-
    Tinent de l'Amérique.

Fit-on jamais, en pareil cas,
    Plus brillante retraite?
Aussi ne le cache-t-on pas
    Dans certaine gazette :
Chacun, parlant de Washington

Et de sa politique,
Trouve qu'il est digne du con-
Tinent de l'Amérique.

Pourquoi voudrait-on abolir
Le droit de la nature?
A Londres on sait bien jouir
Et même avec usure :
La liberté n'est pas un don
Qu'aisément on trafique;
Laissons-en donc jouir le con-
Tinent de l'Amérique.

LES DESTINÉES

D'UNE FILLE A LA MODE

Quelle autre, dis-le-moi, Chloris,
A d'aussi belles destinées
En attendant que les guinées
Roulent leur pactole à Paris?
L'un te couvre contre la bise,
L'autre paye un quart de ton lit;
Cléon fait blanchir ta chemise,
Tandis que Damon la flétrit.

Un riche Anglais en perspective,
Deux payants à l'alternative,
Un entreteneur écarté
Par tes projets sur la Tamise,
Qui déjà cinq fois t'a reprise
Dont tu fatiguas la beauté.

Dès l'aube aller, d'un pas avide,
Faire un déjeuner conséquent,
Réparer ta force en trinquant
Pour t'ébattre au dîner d'Alcide,
Souper chez Chrésante pourtant...
Et puis coucher avec Placide[1];
Relayé, de crainte de vide,
Par un autre histrion sautant :
Il est onze heures, on répète,
Et, laissant Placide abattu,
Tu pars, le projet dans la tête
De lui donner un substitut;
Et, quoique tes regards malades
Ne présagent aucun besoin,
Tu fais répéter dans un coin
Le plus fort de tes camarades.
Le soir, au théâtre, à l'écart,
Pendant que Melpomène crie,
Tu te sers d'un autre poignard
Que celui de la tragédie.

1. Sauteur de chez Nicolet. (M.)

Courant la foire Saint-Germain,
Ne te voit-on pas dans la presse
D'une main donner ton adresse,
En prendre une de l'autre main ;
De quelque échappé de Bicêtre
Faire l'emplette sur les quais,
Tout en sortant des bras du maître,
En attendant son grand laquais,
Peloter avec ses jockeys ;

Te vendre à Purgon pour du nitre,
A Chiron pour des frictions,
Avoir un amoureux en titre
Et vingt autres en fonctions,
Et lorsque ton coiffeur apprête
Un diadème à tes appas,
Le prier de laisser ta tête
Pour te taper un peu plus bas ?

A vingt suivants jeter dans l'ombre
Le rayon brillant de l'espoir,
D'un goût sûr choisir dans leur nombre
Un coucheur tout neuf, pour le soir ;
Laisser tomber de la fenêtre
Un souris quêteur d'un écu,
Pour moins encore aller peut-être
Étaler les lys de ton c.. ?
De peur que ta rage ne chôme,
T'amuser avec ton valet,
A l'intention d'un bel homme

Que tu lorgnas chez Nicolet ;
Visant des baigneurs à la cuisse,
Toiser de l'œil un instrument ;
A Courbevoie payer un suisse,
Pour qu'il te b..... carrément ;
Et donner, dans les intervalles,
Pour montrer tout ce que tu vaux,
A tes rivales des rivaux,
A tes amoureux des rivales.

Quelle autre, dis-le-moi, Chloris,
A d'aussi belles destinées,
En attendant que les guinées
Roulent leur pactole à Paris ?

LA FÊTE DE SOPHIE [1]

Amis, célébrons à l'envi
    La fête de Sophie ;
Que chacun de nous réuni
    La chante comme amie ;

[1]. « Mlle Arnould, se nommant Anne, a dernièrement célébré sa fête avec beaucoup de courtisanes, d'amateurs et de gens d'esprit. On se doute bien que la sainte patronne a été la moins fêtée ; il n'en est pas même fait mention dans les couplets composés et chantés à cette oc-

Nous ne pouvons lui présenter
    De fleur plus naturelle,
Qu'en nous accordant pour chanter :
    C'est toujours, toujours elle.

Si quelqu'un parle d'un bon cœur,
    On cite alors Sophie ;
Si l'on décerne un prix flatteur,
    Elle est encor choisie ;
Si quelqu'un trouve à l'Opéra
    Grâce et voix naturelle,
Cet éloge désignera :
    C'est toujours, toujours elle.

En vain l'Envie aux triples dents
    Voulut blesser Sophie ;
Elle répand que ses talents
    Semblent rose flétrie ;
Mais elle parut dans *Castor*
    Si touchante et si belle,
Que chacun s'écria d'accord :
    C'est toujours, toujours elle.

Le Temps cruel qui détruit tout
    Respectera Sophie.
Par son pouvoir le dieu du Goût

casion, où l'héroïne n'est désignée que sous le nom de *Sophie*, qui est celui qu'elle aime comme plus noble. Ces couplets assez agréables sont de M. André de Murville. » (*Mémoires de Bachaumont.*)

Prolongera sa vie ;
Le charme de ses doux accents
Nous la rendra nouvelle ;
On répétera dans vingt ans :
C'est toujours, toujours elle.

REQUÊTE

A LA COUR DES AIDES[1]

Aimable Cour des Aides,
Nos fidèles amis,
Venez, de grâce, à l'aide
De nos faibles maris ;
Ces pauvres magistrats,
Comme à leur ordinaire,
Remplissent mal, à notre avis,
Soit au Palais, soit au logis,
Leur petit ministère.

---

1. Cette requête facétieuse, dans laquelle les femmes des membres du Parlement de Bordeaux invoquaient le secours de la Cour des Aides, fut composée à l'occasion d'un impôt sur le sel établi dans cette ville pour la construction d'une salle de théâtre, impôt que le Parlement avait laissé passer, tandis que la Cour des Aides l'avait rejeté.

Vous croiriez plus de force
A nos fiers exilés ;
De cette belle écorce
Les voilà dépouillés.
Au Palais, comme ailleurs,
Malgré toute leur gloire,
Les exilés sont aussi mous,
Peut-être plus que les Maupeous ;
Vous pouvez nous en croire.

Quand le sel assaisonne
Les mets et les ragoûts,
La saveur qu'il leur donne
Flatte plus notre goût ;
Mais redoutant le feu
D'un piquant badinage,
Ils ont jugé fort à propos,
Dans leurs arrêts, comme des sots,
D'en proscrire l'usage.

Sur une autre denrée,
S'ils osaient établir
Un plus gros droit d'entrée,
Qu'ils auraient de plaisir !
Mais ils n'auront jamais
De puissance assez forte.
Nos chers amis, rassurez-vous,
Vous entrerez toujours chez nous
Sans payer à la porte.

REMONTRANCES DES FIACRES[1]

Plus fiers que Phaéton, les fiacres un beau jour,
Sur deux files rangés dès l'aube matinale,
Pour affaire de corps députés à la cour,

1. Vers sur la démarche des fiacres, qui, pendant un voyage de Choisy, allèrent en procession en ce lieu pour y porter leurs plaintes et gémissements au Roi à l'occasion de certains impôts vexatoires dont ils voulaient être déchargés. — Par M. de la Louptière. (M.) — Le *Journal de Hardy* raconte ce singulier événement à la date du 13 septembre : « Ce jour, dit-il, on est informé que, la veille, de grand matin, quatre ou cinq cents cochers de carrosses de place s'étaient rendus de Paris dans la plaine qui fait face au château de Choisy, de l'autre côté de la rivière ; qu'après y avoir rangé leurs voitures sur plusieurs lignes, les unes à côté des autres, le plus grand nombre de ces cochers avait passé la rivière et qu'ils s'étaient réunis dans les environs dudit château, où Leurs Majestés étaient arrivées avec toute la cour le mercredi précédent ; que le duc de Villeroy, capitaine des gardes du corps de quartier, surpris, à son lever, d'apercevoir une aussi prodigieuse multitude de voitures, ayant cru devoir faire à ce sujet quelques informations, et s'étant déterminé à traverser lui-même la rivière pour interroger les cochers qui s'y trouvaient sur les motifs de leur voyage, ces cochers avaient répondu qu'ils étaient venus dans le dessein de présenter un mémoire au Roi pour demander à se rédimer du droit de vingt-un sols qui se percevait tous les jours par chacune de leurs voitures, attendu le préjudice considérable que leur causait l'établissement de nouvelles voitures qui conduisaient à cinq lieues de Paris. » Le duc les réprimanda vertement et leur intima l'ordre de retourner à Paris, ce qu'ils firent sans délai.

S'éloignaient de la capitale.
Le cortège arrive à Choisy,
L'orateur est muet, tous ont le cœur transi,
Et dans un placet pathétique
Au Titus de la France ils dressent leur supplique.
On se disait tout bas : Est-ce un autre Sénat,
Qui veut encor tenir les rênes de l'État?
Tous les cochers de notre langue
Savent le fin sans avoir rien appris,
Et l'on prétend qu'un de leurs beaux esprits
Avait ainsi préparé sa harangue :
— Sire, vos bons sujets, les fiacres de Paris,
Viennent aux pieds du trône exposer leurs disgrâces :
Le siège est avili! nos droits sont sans vigueur ;
Prêts à perdre nos biens plutôt que notre honneur,
Nous avons tous quitté nos places.
Au plus juste des Rois nous venons remontrer
Qu'à certains ordres de police,
Pour le bien même du service,
Nous ne pouvons obtempérer. —
Pour des députés de la sorte,
On fait peu de façon au séjour des grandeurs :
Partez, messieurs, partez, leur dit-on à la porte ;
Le devoir vous appelle ailleurs.
Laissez votre placet ; un conseil des finances
Réglera vos prétentions :
Le Roi permet les remontrances ;
Mais reprenez vos fonctions.

CRITIQUE

DU SALON DES TABLEAUX[1]

Il est au Louvre un galetas,
Où, dans un calme solitaire,
Les chauve-souris et les rats
Viennent tenir leur cour plénière.
C'est là qu'Apollon sur leurs pas,
Des beaux-arts ouvrant la barrière,
Tous les deux ans tient ses états
Et vient placer son sanctuaire.
C'est là, par un luxe nouveau,
Que l'art travestit la nature;
Le ridicule est peint en beau,
Les bonnes mœurs sont en peinture,
Et les bourgeois en grands tableaux
Près d'Henri quatre en miniature.
Chaque figure à contre-sens
Montre une autre âme que la sienne :

---

1. « De toutes les critiques qui ont paru sur le Salon, une petite pièce de vers attribuée au marquis de Villette est celle qui a eu le plus de succès. Il faudrait un commentaire pour en bien faire sentir les divers traits épigrammatiques à ceux qui ne connaissent pas le local et les productions de cette année. Il y a pourtant assez de sel pour qu'elle puisse être goûtée généralement. » (*Mémoires de Bachaumont.*)

Saint Jérôme y ressemble au Temps,
Et Jupiter au vieux Silène.
Ici la fille des Césars,
Dans nos cœurs trouvant son empire,
Semble refuser aux beaux-arts
Le plaisir de la reproduire;
Tandis qu'un commis ignoré,
Narcisse amoureux de lui-même,
Vient, dans un beau cadre doré,
Nous montrer son visage blême.
Ici l'on voit des ex-voto,
Des amours qui font des grimaces,
Des caillettes incognito,
Des laideurs qu'on appelle Grâces,
Des perruques par numéro,
Des polissons sous des cuirasses,
Des inutiles de haut rang,
Des imposteurs de bas mérite,
Plus d'un Midas en marbre blanc,
Plus d'un grand homme en terre cuite;
Jeunes morveux bien vernissés,
Vieux barbons à mine enfumée.
Voilà les tableaux entassés
Sous l'hangar de la Renommée;
Et, selon l'ordre et le bon sens,
Tout s'y trouve placé de sorte
Qu'on voit l'abbé Terray dedans
Et que Sully reste à la porte[1].

1. La statue de Sully, en marbre blanc, était exposée

RÉPONSE A LA CRITIQUE
DU SALON DES TABLEAUX[1]

O toi, qui dans un galetas
Devrais végéter solitaire,
Avec les hiboux et les rats,
Plutôt que tenir cour plénière,
Entouré de gitons, qui bientôt sur tes pas
De Duchauffour vont rouvrir la carrière,
Crois-tu qu'en tes sales États
Apollon ait un sanctuaire ?
Dans ton taudis, Archiloque nouveau,
Contente-toi d'outrager la nature ;
Tu ne la vis jamais en beau,
Comment peux-tu parler peinture ?
C'est Henri trois qu'en grand tableau
Tu voudrais voir, et tous nos c... en miniature,
F...... et poète à contre sens,
Une autre plume que la tienne
Saura peindre et braver le Temps,

---

dans la cour d'entrée avec celles de L'Hôpital, de Descartes et de Fénelon. Ces quatre figures devaient être placées chez le Roi.

1. Par un élève de l'Académie royale de peinture. (M.) L'auteur s'adresse au marquis de Villette, en lui empruntant ses rimes.

Pour toi plus vieux à trente ans que Silène,
  Tu borneras ton priape ignoré
  A la culotte subalterne
  Du petit commis sur-doré,
Qui, pour quelques écus, le b..... et le gouverne.
  Ne fais jamais à Vénus d'ex-voto,
  L'amour ferait laides grimaces,
  Quoiqu'il t'enflamme incognito,
Pour les chastes fessiers de ces modernes grâces
Que la halle nouvelle offre par numéro.
  Va t'ébaudir sur leurs cuirasses,
  Petit marquis du dernier rang.
  Écrivain du plus bas mérite,
  Ne souille plus de papier blanc,
 Ou notre école, à coups de pomme cuite,
  Jusque dans tes chars vernissés
  Poursuivra ta muse enfumée;
  Assez, sur toi, de travers entassés,
D'un cornet à bouquin arment la renommée,
  Et selon l'ordre et le bon sens
Le temple de Mémoire est arrangé de sorte
Que Vernet et Pigal seront placés dedans,
Et que de loin Villette en lorgnera la porte,

EPITRE AUX BOSTONIENS[1]

Parlez donc, messieurs de Boston,
Se peut-il qu'au siècle où nous sommes,
Du monde troublant l'unisson,
Vous vous donniez des airs d'être hommes.
On prétend que plus d'une fois
Vous avez refusé de lire
Les billets doux que Georges trois
Eut la bonté de vous écrire.
Il paraît, mes pauvres amis,
Que vous n'avez jamais appris
La politesse européenne,
Et que jamais l'air de Paris
N'insinua dans vos esprits
Cette tolérance chrétienne
Dont vous ignorez tout le prix.
Pour moi, je vous vois avec peine
Afficher, malgré les plaisants,
Cette brutalité romaine

---

1. « Un plaisant vient d'adresser une *Épître aux Bostoniens;* il leur reproche de vouloir être libres lorsque le despotisme règne sur le monde entier. Cette idée, qui fait le fond de la facétie, donne lieu à des détails très ingénieusement tournés. Il y a de la gaieté, de la vérité et une excellente philosophie, assaisonnée de sarcasmes adroits et piquants contre le gouvernement britannique, et en général contre tous les souverains, car on voit que l'auteur n'est rien moins que royaliste. » (*Mém. de Bachaumont.*)

Qui vous vieillit de deux mille ans.
Raisonnons un peu, je vous prie :
Quel droit avez-vous plus que nous
A cette liberté chérie
Dont vous paraissez si jaloux ?
D'un pied léger la tyrannie
Vole, parcourant l'univers ;
Ce monstre, sous des noms divers,
Écrase l'Europe asservie ;
Et vous, peuple injuste et mutin,
Sans pape, sans rois et sans reines,
Vous danseriez au bruit des chaînes
Qui pèsent sur le genre humain ;
Et vous, d'un si bel équilibre
Dérangeant le plan régulier,
Seuls auriez le front d'être libre
A la barbe du monde entier !
L'Europe demande vengeance.
Armez-vous, héros d'Albion ;
Rome ressuscite à Boston,
Étouffez-la dans son enfance :
Dans ses derniers retranchements
Forcez la liberté tremblante,
Qui toujours plus intéressante
Se ferait de nouveaux amants.
Qu'elle expire, et que son nom même,
Presque ignoré chez nos neveux,
Ne soit plus qu'un mot à leurs yeux
Et son existence un problème.

RÉPONSE

A

L'ANONYME DE VAUGIRARD[1]

> Je fais, monsieur, beaucoup de cas
> De cette science infinie,
> Que, malgré votre modestie,

1. A propos de l'article publié par l'*anonyme* de Vaugirard sur le drame héroïque d'*Armide,* œuvre de Quinault, remise en musique par le chevalier Gluck, qui avait été représentée pour la première fois à l'Académie royale de musique le 23 septembre. — Le compositeur allemand Gluck, grâce à l'influence du bailli du Rollet et à l'intervention de Marie-Antoinette, son ancienne élève, avait obtenu en 1774 de faire représenter son *Iphigénie en Aulide* à l'Opéra, et il occupait presque seul depuis cette époque le théâtre de l'Académie royale, lorsque Piccini, maître de chapelle du roi de Naples, fut appelé à Paris par Mme du Barry. Une rivalité violente ne tarda pas à se produire entre les deux musiciens, à l'occasion de l'opéra de *Roland* auquel ils travaillaient concurremment, et elle éclata ouvertement à la suite d'une discussion entre Suard et Marmontel, discussion provoquée par une plaisanterie faite au sujet du *Roland* de Piccini dont Marmontel avait arrangé les paroles.

« Depuis ce moment fatal, écrit Grimm, la discorde s'est emparée de tous les esprits; elle a jeté le trouble dans nos académies, dans nos cafés, dans toutes nos sociétés littéraires. Les gens qui se cherchaient le plus se fuient; les dîners même qui conciliaient si heureusement toutes sortes d'esprits et de caractères ne respirent plus que la contrainte et la défiance; les bureaux d'esprit les plus brillants, les

Vous étalez avec fracas
Sur le genre de l'harmonie
Qui convient à nos opéras ;

plus nombreux jadis, à présent sont à moitié déserts. On ne se demande plus : est-il janséniste, est-il moliniste, philosophe ou dévot? On demande : est-il gluckiste ou picciniste? Et la réponse à cette question décide toutes les autres.

« Le parti Gluck a pour lui l'enthousiasme éloquent de M. l'abbé Arnaud, l'esprit adroit de M. Suard, l'impertinence du bailli du Rollet et sur toutes choses un bruit d'orchestre qui doit nécessairement avoir le dessus dans toutes les disputes du monde.... Le parti picciniste n'a guère pour lui que de bonnes raisons, de la musique enchanteresse et le zèle de M. Marmontel, zèle dont l'ardeur est infatigable, mais dont la conduite est souvent plus franche qu'adroite. »

Dans ces conditions, la représentation d'*Armide* présentait une importance exceptionnelle. « Ce grand événement était attendu depuis longtemps avec impatience par les deux partis, ajoute Grimm. On le croyait décisif et il n'a rien décidé. Les gluckistes et les piccinistes conservent toujours les mêmes haines, les mêmes prétentions, la même fureur. Il faut convenir pourtant que l'effet de cette première représentation aurait eu de quoi effrayer des partisans moins zélés, moins enthousiastes, ou, si l'on veut, moins sûrs de leur doctrine que ne le sont les partisans de M. le chevalier Gluck. Presque tout l'opéra fut écouté avec une grande indifférence ; il n'y eut que la fin du premier acte et quelques airs du quatrième qu'on applaudit assez vivement. Le plus grand nombre des spectateurs se permettait d'avouer que, de tous les ouvrages de M. Gluck, c'était celui qui leur avait fait le moins de plaisir. »

La Harpe, qui n'avait pas encore pris parti dans la querelle, s'avisa de faire à propos d'*Armide,* une critique fort étendue du système musical de Gluck, ce qui lui attira une verte réplique de Suard, insérée dans le *Journal de Paris* et signée : *l'anonyme de Vaugirard.*

Mais tout cela n'empêche pas
Que votre *Armide* ne m'ennuie.

Armé d'une plume hardie,
Quand vous traitez de haut en bas
Le vengeur de la mélodie,
Vous avez l'air d'un fier-à-bras ;
Et je trouve que vos débats
Passent, ma foi, la raillerie ;
Mais tout cela n'empêche pas
Que votre *Armide* ne m'ennuie.

Votre style est plein d'embarras ;
De vos peintres la litanie,
Sur leurs talents, votre fatras,
Sont une vaine rapsodie,
Un orgueilleux galimatias,
Une franche pédanterie ;
Et tout cela n'empêche pas
Que votre *Armide* ne m'ennuie.

Le fameux Gluck, qui dans vos bras
Humblement se jette et vous prie,
Avec des tours si délicats,
De faire valoir son génie,
Mérite sans doute le pas
Sur les Amphions d'Ausonie ;
Mais tout cela n'empêche pas
Que votre *Armide* ne m'ennuie.

NOËLS POUR L'ANNÉE 1777

Du Mentor de la France
Chantons à l'unisson
La sublime influence
Qu'il a sur son poupon [1].
Il gouverne l'État,
Il brouille le ménage [2],
Après, il s'en rend l'avocat,
Et chacun à ce potentat
Rend un craintif hommage.

Aux frères économistes
Il a fait succéder

---

[1]. « On était vraiment affligé de voir un jeune monarque, doué d'un bon esprit et d'un cœur droit, dirigé par un vieux courtisan incapable de fortifier en lui les sentiments d'humanité et de lui inspirer l'amour de ses peuples. » (*Journal de Hardy.*)

[2]. « L'on débitait que le sieur comte de Maurepas, sachant parfaitement combien la Reine lui était opposée et désirait son éloignement de la cour, tenterait tous les moyens pour parvenir à brouiller le ménage ; on assurait même pour appuyer cette idée que déjà en deux différentes occasions le Roi s'étant trouvé seul en partie de chasse ou de dîner avec Monsieur et M. le comte d'Artois, avait tenu ce propos remarquable et qui, en le supposant vrai, n'annonçait rien de bon pour l'avenir : *Il faut avouer qu'on s'amuse beaucoup mieux quand on n'a pas sa femme avec soi.* » (*Journal de Hardy.*)

Un frère des Clunistes
Qui vient de décéder [1].
A présent le Mentor
A pris dans la Réforme
Un intrigant qui a, dit-on,
Beaucoup d'audace et de jargon.
Et Necker il se nomme.

Vergenne, gobe-mouche,
Ministre sans talents,
Laisse l'Anglais farouche
Battre les Insurgents :

1. Ce vers rappelle la plaisanterie de Voltaire, qui avait promis de se faire moine si Turgot était renvoyé du ministère. Lorsque Clugny eut remplacé Turgot, on lui rappela sa promesse, et il répondit spirituellement : « Je me suis fait moine de l'ordre de Cluny. » Le successeur de Turgot mourut au bout de six mois, et ce fut Taboureau des Réaux qui reçut le titre de contrôleur général des finances, mais on lui adjoignit Necker comme directeur du Trésor. « Il était public, observait Hardy au moment de ces nominations, que le sieur Taboureau des Réaux, conseiller d'État, ci-devant intendant à Valenciennes, qu'on disait âgé d'environ soixante ans et attaqué de la goutte comme les sieurs Turgot et de Clugny, ses prédécesseurs, ce qui avait excité à dire par plaisanterie que le *contrôle général s'en allait goutte à goutte,* avait été enfin nommé par le Roi pour remplir la charge de contrôleur général des finances, mais qu'il n'avait accepté qu'après avoir obtenu de Sa Majesté qu'elle voulût bien lui donner pour adjoint, avec le titre de directeur général des finances, le sieur Necker de la religion prétendue réformée, ci-devant banquier fameux, lequel passait pour être très éclairé et fort instruit en matière de finances, le même qui avait si fort combattu les systèmes du sieur Turgot. »

Valet bas et soumis
De toute l'Angleterre,
A Georges trois il a promis
Qu'on serait toujours ses amis
Pendant son ministère.

Saint-Germain en déroute
A mis tous les soldats;
Chacun d'eux prend sa route
Pour de nouveaux climats;
Il a pour successeur
Un même personnage,
Charlatan, né de sa faveur,
Fat, impudent, plein de hauteur;
C'est tout son apanage [1].

Sartine fait merveille
Dans son département.
Mais la puce à l'oreille
On lui donne souvent;

---

1. « Après l'insuccès et le mécontentement provoqué par ses réformes, il ne restait à M. de Saint-Germain qu'une seule sottise à faire. Il n'eut garde de la refuser : c'était de prendre un adjoint. On apprit tout d'un coup et sans que personne s'en doutât que M. de Montbarrey était associé au ministère de la guerre : sa nomination n'apporta aucun changement au désordre qui régnait dans le militaire; et lorsqu'on lui en parlait, il répondait qu'il n'était que l'aide de camp de M. de Saint-Germain et qu'il lui avait trop d'obligations pour n'être pas entièrement soumis à ses volontés. Il n'était pas bien difficile de pénétrer où tendaient ces propos.... M. de Saint-Germain

C'est le plus fin matois
De tout le ministère ;
Il est galant, il est courtois,
Et fait ses coups en tapinois :
C'est un rusé compère.

Amelot est encore [1]
Frais sorti du bateau ;
Il croit que l'on ignore
Qu'il est un bâtardeau ;
Mais le Mentor a dit
A tout qui veut l'entendre
Qu'Amelot était son petit,
Et de ses amours le seul fruit
Qui racine ait pu prendre.

D'Aiguillon [2] à l'intrigue
Se borne maintenant.

croupit encore quelque temps dans sa place; mais son discrédit devint si fort qu'il ne put plus le supporter. Il demanda à se retirer; on le lui accorda avec facilité et M. de Montbarrey fut nommé ministre de la guerre. » (*Mémoires du baron de Besenval.*)

1. « M. Amelot, reconnu comme incapable, ne dut le ministère qu'au crédit de sa mère, amie de tous les temps de M. de Maurepas; mais on lui adjoignit M. de Robinet qui, sous le nom modeste de premier commis, dirigeait tout le ministère. » (*Mémoires de l'abbé Georgel.*)

2. Le duc avait été rappelé de l'exil peu de mois auparavant : « Quelques personnes regardaient ce rappel comme une preuve du crédit qu'avait encore le sieur comte de Maurepas, en même temps qu'elles imaginaient que

Le Mentor, pour lui, brigue
Poste très important;
Et ce vieillard, dit-on,
Un peu dans la démence,
Voudrait auprès de son poupon
Placer le docteur d'Aiguillon [1]
Pour enterrer la France.

son séjour dans la capitale pourrait bien influencer sur les intrigues qui avaient pour but d'écarter le duc de Choiseul, que la Reine paraissait désirer revoir remonter au ministère. » (*Journal de Hardy*.)

1. Telle n'était cependant pas l'opinion générale, puisque Hardy observait que « s'il fallait s'en rapporter à des personnes qui se disaient bien instruites, quoique le parti du duc d'Aiguillon, son parent, se fortifiât de jour en jour au point que le Roi, Monsieur et Mesdames de France, tantes de Sa Majesté, étaient notoirement décidées en sa faveur, ledit comte de Maurepas mettait encore obstacle à ce qu'il rentrât dans le ministère, par la seule crainte qu'il avait que son rétablissement ne vînt à diminuer le crédit dont il jouissait fort tranquillement. »

ANNÉE 1778

MADEMOISELLE

LE CHEVALIER D'ÉON [1]

Du chevalier d'Éon
Le sexe est un mystère ;
L'on croit qu'il est garçon,

---

1. « Si vous me passez un peu de gravelure à cause du carnaval, écrivait Métra dans sa *Correspondance,* je vous transcrirai une chanson gaie et qui nous amuse beaucoup ici, sur le personnage intéressant qu'on appelle assez plaisamment *Mademoiselle Le Chevalier d'Éon.* »
Charles d'Éon de Beaumont (1728-1810), agent secret diplomatique, chargé par le gouvernement de Louis XV de différentes missions à l'étranger, et qui fut tour à tour guerrier et diplomate, mâle à Londres et femelle à Paris, provoqua par ses aventures et ses travestissements la curiosité de ses contemporains, qui inclinaient à le regarder comme une femme. Déclaré *demoiselle* par ordonnance de Louis XV, d'Éon avait été autorisé à paraître à Versailles et à Paris à condition de porter les habits de son sexe. « Son

Cependant l'Angleterre
L'a fait déclarer fille

maintien, ses gestes, toutes ses habitudes et principalement ses propos contrastent merveilleusement avec sa nouvelle façon d'être, remarquait Grimm, et quelque simple, quelque prude que soit sa grande coiffure noire, il est difficile d'imaginer quelque chose de plus extraordinaire, et, s'il faut le dire, de plus indécent, que Mlle d'Éon en jupe. Je serai, disait-elle l'autre jour à une dame qui voulait lui donner des conseils, je serai sage sans doute ; mais pour modeste cela m'est impossible. N'est-il pas étrange qu'après avoir été si longtemps *capitaine de dragons*, je finisse par être *cornette* ? »

L'auteur de *l'Espion anglois* était de l'avis de Grimm : « Il faut convenir, écrivait-il, qu'elle a encore plus l'air d'être homme depuis qu'elle est en femme. En effet, on ne peut croire du sexe féminin un individu qui se rase et a de la barbe, qui est taillé et musclé en hercule, qui saute en carrosse et en descend sans écuyer, ainsi que le cavalier le plus leste, qui monte les marches d'un escalier quatre à quatre, qui pour s'approcher du feu, avance son fauteuil les mains entre ses cuisses ; en un mot, qui satisfait ses petits besoins en homme. Du reste, le son de sa voix, son ton, ses gestes, ses manières, tout son extérieur dément en elle son vêtement ; on est tenté de penser que c'est une mascarade ; elle semble chercher elle-même à accréditer cette opinion par le ridicule de son costume. »

Toutefois, l'auteur de *l'Espion anglois* ne se prononçait pas catégoriquement ; après avoir exposé à son correspondant les raisons pour et contre, il lui laissait le soin de trancher la question : « Voyons, concluait-il, si vous oseriez résoudre actuellement, en pesant les probabilités de chaque côté, ce problème singulier qui divise aujourd'hui non seulement Paris et la France, mais les concitoyens mêmes de Mlle d'Éon, ses amis, ses parents, dont la plupart semblent encore incertains sur cet objet. »

Aujourd'hui le problème se trouve résolu par le procès-verbal d'autopsie du chevalier qui ne laisse aucun doute sur sa qualité d'homme.

Et prétend qu'il n'a pas
De trace de béquille
Du père Barnabas.

Jadis il fut garçon,
Très brave capitaine ;
Pour un oui, pour un non,
Chacun sait qu'il dégaine.
Quel malheur, s'il est fille !
Que ne ferait-il pas
S'il avait la béquille
Du père Barnabas ?

Il est des francs-maçons
Un très zélé confrère,
Sachant de leurs leçons
Les plus secrets mystères.
Pour le coup, s'il est fille,
Plus on n'en recevra,
Qu'on n'ait vu la béquille
Du père Barnabas.

Il fut chargé, dit-on,
D'ordres du ministère ;
On lui donna le nom
D'un extraordinaire ;
Ah ! parbleu, s'il est fille,
Qui lui va mieux que ça,
Si ce n'est la béquille
Du père Barnabas.

Pour ses amusements
Il a fait vingt volumes
Touchant le droit des gens,
Dont il sait les coutumes.
Quoique avocat habile,
Il ne sait pourtant pas
Le droit de la béquille
Du père Barnabas.

Qu'il soit fille ou garçon,
C'est un grand personnage,
Dont on verra le nom
Se citer d'âge en âge ;
Mais pourtant, s'il est fille,
Qui de nous osera
Lui prêter la béquille
Du père Barnabas ?

Quoiqu'il ait le renom
D'être une chevalière,
Il paya la façon,
Aux yeux de l'Angleterre,
D'une petite fille :
Ce qu'on ne ferait pas
Sans avoir la béquille
Du père Barnabas.

LA

REFORME DES TREIZE FÊTES

Je vais vous conter, chers amis,
L'article du journal céleste;
Un ange en mes mains l'a remis,
C'est un des anges le plus prestes;
Il est daté du mercredi,
Il l'eut jeudi, vint vendredi,
Et me le donna samedi.

'1. Par un mandement du 12 décembre, l'archevêque de Paris avait ordonné la suppression de treize fêtes du calendrier, et l'almanach royal avait annoncé cette réforme. Mais elle ne s'accomplit pas sans protestation. « On assurait, note Hardy dans son *Journal*, que le prélat éprouvait de grandes difficultés de la part de son chapitre, par rapport à la suppression de onze fêtes dans le courant de l'année. L'archevêque voulait, disait-on, substituer aux fêtes supprimées deux nouvelles fêtes, dont celle du *sacré cœur de Jésus,* et établir un jeûne par chaque vendredi des quatre semaines de l'Avent, ce à quoi son susdit chapitre, ennemi reconnu des innovations, refusait de consentir. »

L'archevêque rencontrait d'ailleurs une autre résistance, celle des magistrats, que sa réforme intéressait tout particulièrement : « On commençait à craindre qu'elle n'eût pas lieu, lit-on dans les *Mémoires de Bachaumont,* par la difficulté qu'elle excitait au Parlement. Les magistrats sentaient que ce serait treize jours de travail de plus pour eux et cette fatigue les alarmait. On les a fait rougir enfin de cette pitoyable raison et après beaucoup de pourparlers et de négociations, le 20 de ce mois, les Grand-Chambre et Tournelle assemblées, il a été enregistré des *lettres*

Il me dit : J'arrive des cieux :
Ah ! c'est un bacchanal énorme.
On voit mille séditieux
Au sujet de cette réforme.
Les saints qui s'y trouvent compris,
Grands et petits,
Font les diables en paradis.

Chez le plus grand des Tout-Puissants
On vit douze saints d'une bande,
Suivis de milliers d'innocents
Faisant tous la même demande :
Mathias crie en vain à Jésus,

patentes du Roi confirmatives d'un mandement de l'archevêque de Paris, portant suppression de plusieurs fêtes dans son diocèse. Ces patentes portent expressément : *Enjoignons aux officiers de justice et de police de tenir la main et ordonnons qu'aux jours dont les fêtes sont retranchées par le mandement, ils entrent au Palais pour y faire leurs fonctions ordinaires.*

« On a publié aussi le mandement de l'archevêque de Paris qu'il a refondu. Il est fort verbeux, fort capucinal, dénué de noblesse et de dignité. Ne voulant rien perdre des jeûnes, le prélat ordonne que les quatre supprimés avec les fêtes qui y donnaient lieu et y obligeaient, seront remplacés par d'autres. »

L'opinion publique se montra généralement surprise de ces réformes :

« On était étonné, écrit Hardy, que M. de Beaumont, pieux comme on le connaissait, et sur le bord du tombeau, eût pu se déterminer d'opérer lui-même une telle innovation, dont il paraissait assez naturel qu'il laissât le soin à celui qui deviendrait son successeur, à moins que le ministère ne lui eût forcé la main sur cet objet, ce que prétendaient quelques personnes. »

Par quel abus,
Paris ne nous fête-t-il plus?

Les deux Jacques veulent parler,
La rage leur ferme la bouche,
Ils ne peuvent que bredouiller;
Après un silence farouche,
Ils sont réduits à bégayer,
A supplier,
Qu'on change le calendrier.

Laurent, sur son gril attaché,
Gémit d'un si triste salaire;
Barthélemy, tout écorché,
Voudrait que ce fût à refaire :
Il jure en jetant les hauts cris
Qu'à pareil prix,
Il n'y serait jamais repris.

Que l'on me chôme, dit Mathieu,
Ou pour les humains je ne bouge :
Saint Michel crie au fils de Dieu,
Je veux qu'on me récrive en rouge,
Moi qui piétinais sur Satan;
Monsieur saint Jean,
A bien sa fête une fois l'an.

Philippe et Judas en courroux,
Coadjuteurs en survivance,
N'en sont plus humbles ni plus doux,

Étalent autant d'arrogance :
Christophe, le moins désolé,
    Dit essoufflé,
Je ne serai point persiflé. —

De monseigneur [1], pauvre patron,
Gros butor, infâme, faux frère,
Penses-tu voir longtemps ton nom
Subsister en gros caractère ?
Comme nous du rang des élus,
    Seras exclu,
Répliquent mutins en chorus.

Faisons mieux, ne souffrons jamais
Que nos noms soient en jours ouvrables,
On nous prendrait pour des benêts,
Nous devons être inébranlables :
Chers confrères, pour seul moyen
    Tenons-nous bien,
Et nous pourrons ne perdre rien.

Dans ce temps, l'Éternel entra ;
Il demande : Qui vous désole ?
On croirait être à l'Opéra,
On n'entend pas une parole.
Au lieu de saints, je vois des fous,
    Mais qu'avez-vous,
Pour troubler la paix de chez nous ?

---

1. Christophe de Beaumont, archevêque de Paris.

Simon commence à pérorer
Et se plaint que Beaumont l'abhorre ;
On entend Marcel murmurer,
Martin veut qu'on le déshonore
Un autre accourt tout effaré,
   C'est saint André,
Jurant comme un désespéré.

Saint Thomas dit : Sans me vanter,
Je crois en bien valoir un autre ;
Monsieur saint Denis va rester
Parce qu'il fait le bon apôtre ;
Ce saint, quoique décapité,
   En vérité,
Est le saint le plus entêté.

Paix, répond la Divinité,
Ou je vous enverrai tous paître ;
Parce que vous avez été
Vous prétendez donc toujours être ?
Rien n'est de toute éternité,
   La vanité, la vanité
Sied mal avec la sainteté.

LES

SUCCÈS DES INSURGENTS[1]

Bravo, messieurs les Insurgents,
Vainqueurs dans une juste guerre,
Vous donnez par vos sentiments
Un peuple de plus à la terre ;
Fermes, courageux, patients,
Doués d'une franchise altière,
Libres surtout !... voilà mes gens.

1. Le public suivait avec passion les péripéties de la lutte engagée entre l'Angleterre et l'Amérique et manifestait hautement ses sympathies pour les insurgés. « A la cour comme à la ville, écrit le comte de Ségur, chez les grands comme chez les bourgeois, parmi les militaires comme parmi les financiers, au sein d'une vaste monarchie, sanctuaire antique des privilèges nobiliaires, parlementaires, ecclésiastiques, la cause des Américains insurgés fixait toutes les attentions et excitait un intérêt général. De toutes parts l'opinion pressait le gouvernement royal de se déclarer pour la liberté républicaine et semblait lui reprocher sa lenteur et sa timidité. Les ministres, entraînés peu à peu par le torrent, craignaient cependant de rompre avec les Anglais et d'entreprendre une guerre ruineuse ; de plus, ils étaient retenus par la sévère probité de Louis XVI, le plus moral des hommes de son temps. La neutralité paraissait un devoir au monarque, parce qu'aucune agression anglaise ne justifiait à ses yeux une démarche hostile contre la couronne britannique. » La capitulation de Saratoga triompha des hésitations de Louis XVI et de ses ministres, et un traité de commerce, suivi peu après d'un traité d'alliance, fut conclu entre la France et l'Amérique.

Année 1778.

Après des exploits éclatants,
Il faudrait un jour, pour bien faire,
Envoyer danser vos enfants
Sur les débris de l'Angleterre.
Apprenez bien aux nations
Qu'il en est une qui méprise
Les despotes pâles et blonds
Respirant le feu des charbons
Et les brouillards de la Tamise:
Viendra le temps qu'avec éclat
Vous renverserez les tribunes
De ces marchands, hommes d'État,
Petits consuls dans les communes.
Cependant, soit dit entre nous,
Avec tant de philosophie,
Comment diable vous battez-vous
N'ayant pas une académie?
Nous qui pensons, à peine, hélas!
Conservons-nous quelque énergie ;
Nos esprits seuls font du fracas,
Nos âmes sont en léthargie.
Heureusement on voit sur pied,
Sans compter les économistes,
Des Piccinistes, des Gluckistes
Qui se battent pour des pamphlets,
S'escarmouchent par des injures,
Et nos valeureuses brochures
Nous consolent de vos succès.

MŒURS DU JOUR

Au lieu d'esprit, du persiflage,
Peu de fond, beaucoup d'étalage,
Des intrigues au lieu d'amour;
Au lieu de pudeur et de grâce,
Des avances et des grimaces,
    C'est le goût du jour. .

Joindre aux éclats de la folie
La nuit de la mélancolie,
A vingt freluquets tour à tour
Se livrer au lieu de se rendre
Et les quitter pour les reprendre,
    C'est le ton du jour.

Impertinent avec aisance,
Ignorant avec suffisance,
Fat à Paris, fier à la cour;
Toujours occupé sans affaire,
Indiscret, mais avec mystère,
    C'est l'homme du jour.

N'avoir de l'amour que les ailes,
Duper en courant mille belles,
En être la dupe à son tour,

Et mourir d'ennui tête-à-tête,
Pour faire chanter sa conquête,
C'est l'amant du jour.

Brillant dans la tracasserie,
Forcé dans la plaisanterie,
Obscurci par un nouveau tour ;
Outré par delà l'hyperbole
Et sublime dans le frivole,
C'est l'esprit du jour.

AVIS AU PUBLIC [1]

Le sieur Villette, dit marquis,
Successeur de Jodèle,
Facteur de vers, de prose, et d'autre bagatelle,
Au public donne avis

[1]. A propos de l'arrivée de Voltaire à Paris. (M.) — « C'est le 10 février, est-il dit dans *l'Espion anglois*, qu'après plus de vingt-sept ans d'absence cet homme célèbre rentra dans Paris. Il descendit à l'hôtel du marquis de Villette, au coin de la rue de Beaune, et dès le matin ce fut chez lui un concours de monde prodigieux. Il resta toute la semaine en robe de chambre et en bonnet de nuit ; il reçut ainsi la cour et la ville. La marquise de Villette et Mme Denis tenaient le cercle et faisaient les honneurs.... Rien de plus flatteur que la sensation que

> Qu'il possède dans sa boutique
> Un animal plaisant, unique,
> Arrivé récemment

produisit son arrivée. Les grands, les femmes les plus distinguées et les plus aimables, les gens de lettres, les artistes, les amateurs en tout genre s'empressaient de lui rendre hommage. »

Grimm se fait également dans sa *Correspondance* l'écho de l'enthousiasme général. « Non, s'écrie-t-il, l'apparition d'un revenant, celle d'un prophète, d'un apôtre, n'aurait pas causé plus de surprise et d'admiration que l'arrivée de M. de Voltaire. Ce nouveau prodige a suspendu quelques moments tout autre intérêt ; il a fait tomber les bruits de guerre, les intrigues de robe, les tracasseries de cour, même la grande querelle des Gluckistes et des Piccinistes. L'orgueil encyclopédique a paru diminué de moitié, la Sorbonne a frémi, le Parlement a gardé le silence, toute la littérature s'est émue, tout Paris s'est empressé de voler aux pieds de l'idole, et jamais le héros de notre siècle n'eût joui de sa gloire avec plus d'éclat si la cour l'avait honoré d'un regard plus favorable ou seulement moins indifférent. »

Enfin, le comte de Ségur confirme ce témoignage dans ses *Mémoires* :

« Il faut avoir vu à cette époque la joie publique, l'impatiente curiosité et l'empressement tumultueux d'une foule admiratrice pour entendre, pour envisager et même pour apercevoir ce vieillard célèbre, contemporain de deux siècles, qui avait hérité de l'éclat de l'un et fait la gloire de l'autre ; il faut, dis-je, en avoir été témoin pour s'en faire une juste idée.

« C'était l'apothéose d'un demi-dieu encore vivant ; il disait au peuple avec autant de raison que d'attendrissement : *Vous voulez donc me faire mourir de plaisir.* En effet, la puissance de si nombreux et de si touchants hommages était au-dessus de ses forces ; il y succomba et l'autel qu'on lui dressait se changea promptement en tombeau. »

Année 1778.

De Genève en droiture,
Vrai phénomène de nature,
Cadavre, squelette ambulant.

Il a l'œil très vif, la voix forte,
Il vous mord, vous caresse, il est doux, il s'emporte.
Tantôt il parle comme un dieu,
Tantôt il parle comme un diable;
Son regard est malin, son esprit est tout feu.
Cet être inconcevable
Fait l'aveugle, le sourd, et quelquefois le mort.
Sa machine se monte et démonte à ressort,
Et la tête lui tourne au surnom de grand homme;
Tel est l'original en somme,
On le verra tous les matins
Au bout du quai des Théatins.

Par un salut profond, beaucoup de modestie,
Les grands seigneurs paieront leur curiosité;
Porte ouverte à l'Académie
A tous acteurs de comédie
Qui flatteront sa vanité
Et voudront adorer l'idole.
Les gens mitrés portant étole
Le verront, mais de loin, moyennant une obole,
Pour éviter ses griffes et ses dents;
Tout poète entrera pour quelques grains d'encens [1].

1. Cette pièce inspire à l'auteur de *l'Espion anglois* la remarque suivante : « Tout n'était pas rose cependant pour Voltaire ; s'il était accablé d'une multitude de pièces

ÉPIGRAMMES

sur

LA MORT DE VOLTAIRE[1]

Dieu fait bien ce qu'il fait : La Fontaine l'a dit ;
Si j'avais cependant produit un si grand œuvre,
Voltaire eût conservé ses sens et son esprit,
Je me serais gardé de briser mon chef-d'œuvre.

de vers louangeurs et fades, il y avait des gens qui cherchaient à aiguiser ces douceurs par des écrits plus piquants; il recevait beaucoup de lettres anonymes destinées à empêcher que son amour-propre ne s'exaltât trop. Entre ces satires, qui ne valaient pas toujours mieux que les éloges, il faut en distinguer une intitulée *Avis important,* où il y a beaucoup de sel et malheureusement trop de vérité. On y relève avec adresse les ridicules et les défauts de ce grand homme. »

1. Voltaire mourut le 28 mars : « Ceux qui n'avaient pas eu le pouvoir de s'opposer à son triomphe lui refusèrent une place au milieu des tombeaux du peuple parisien. L'un de ses parents, conseiller au Parlement, enleva son corps et le porta rapidement dans l'abbaye de Scellières, où il fut inhumé avant que le curé du lieu eût reçu la défense de lui donner la sépulture, défense qui lui arriva trois heures trop tard. Sans le zèle de cet ami, les restes mortels de l'un de nos plus grands hommes et de celui dont la gloire remplissait le monde n'auraient pas obtenu quelques pieds de terre pour les couvrir.

« Malgré tous les efforts du clergé, des magistrats et de l'autorité, qui défendirent pour quelque temps au théâtre de jouer les pièces de Voltaire et aux journaux de parler

Celui que dans Athène eût adoré la Grèce
Et qu'à Rome, à sa table Auguste eût fait asseoir,
Nos Césars d'aujourd'hui [1] n'ont pas voulu le voir,
Et monsieur de Beaumont lui refuse une messe.

Oui, vous avez raison, monsieur de Saint-Sulpice,
Eh ! pourquoi l'enterrer ! n'est-il pas immortel ?
A ce divin génie on peut, sans injustice,
Refuser un tombeau, mais non pas un autel.

C'est donc ici que gît l'Homère
Du plus bienfaisant de nos rois,
Et le Sophocle dont la voix
Étonna souvent le parterre !

de sa mort, Paris fut inondé d'un déluge de vers, de pamphlets et d'épigrammes, seules armes dont l'opinion pût se servir pour venger cet outrage fait à la mémoire d'un homme qui avait illustré sa patrie et son siècle.

« De tous ces écrits, celui qui me frappa le plus alors fut une pièce de vers composée par la marquise de Boufflers, mère de ce chevalier de Boufflers, le Chaulieu et l'Anacréon de notre temps. » (*Mémoires du comte de Ségur*.)

1. « Madame de Boufflers par un de ces vers, en parlant des Césars, faisait allusion à l'empereur Joseph II. Ce monarque était venu en France l'année précédente, sous le nom de comte de Falkenstein.... Passant près de Ferney, il dédaigna de voir Voltaire. On blâma également, avec raison, et l'indifférence de la puissance pour le génie et la faiblesse du grand poète et du philosophe dont l'amour-propre parut trop sensible à cette légère blessure. » (*Ibid.*)

D'éclairer, d'instruire et de plaire
Il fut toujours maître à son choix.
Le philosophe eut à la fois
L'amour, la haine pour salaire.
A ces traits reconnais Voltaire ;
Pleure, lecteur, qui que tu sois :
Mais, sur la tombe où tu le vois,
L'Église ordonne de se taire.

Plus bel esprit que grand génie,
Sans loi, sans mœurs et sans vertu,
Il est mort comme il a vécu,
Couvert de gloire et d'infamie [1].

---

1. « Entre les différentes épitaphes faites pour M. de Voltaire, il faut distinguer celle-ci, soit à cause de sa concision, de sa justesse et de son impartialité, soit à cause de l'illustre auteur auquel on l'attribue, M. Rousseau, de Genève. » (*Mémoires de Bachaumont.*)

BRIENNE ET SON CHATEAU[1]

Dans le plus beau jour du monde,
A Brienne consacré,
Quand son nom est célébré
Par vos santés, à la ronde ;
Je chanterai de nouveau,
Si votre voix me seconde,
Je chanterai de nouveau
Et Brienne et son château.

Voyez ce lieu délectable,
Où les bons mets, les bons vins

---

1. Chanson faite à Brienne, à la prise de possession du nouveau château, le jour de Saint-Louis, fête du comte de Brienne; par l'abbé Morellet. (M.)

Le château de Brienne, dont il ne restait vers 1753 qu'un vieux pavillon en ruines ouvert à tous les vents, fut reconstruit dans des proportions grandioses par le comte de Brienne, cadet de la famille, qui avait épousé la fille du riche financier Clémont. Il était habité par le comte et par son frère, l'abbé de Brienne, futur ministre de Louis XVI. L'auteur de la chanson, l'abbé Morellet, qui fut l'un des hôtes assidus de cette demeure princière, en a rappelé les splendeurs dans ses *Mémoires* :

« Beaucoup de gens de Paris et de la cour et toute la campagne abordaient à ce château; on y chassait, on y jouait la comédie. Un cabinet d'histoire naturelle, une bibliothèque riche et nombreuse, un cabinet de physique et un physicien démonstrateur de quelque mérite (Deparcieux) venant de Paris et passant là six semaines ou deux

A vos désirs incertains
Offrent un choix agréable.
Comus donna ce projet,
Pour placer les dieux à table,
Du plus beau temple qu'il ait.

Au salon si je vous mène,
Vous admirerez encor,
Non pas la pourpre ni l'or
Qu'étale une pompe vaine,
Mais une noble grandeur
D'où l'œil s'arrache avec peine,
Symbole d'un noble cœur.

D'une plus grande richesse
Brienne embellit ces lieux :

mois pour faire des cours aux dames; tout ce qui peut intéresser, occuper, distraire, se trouvait là réuni.

« La magnificence se déployait surtout aux fêtes du comte et de la comtesse; il se trouvait alors au château quarante maîtres, sans compter la foule des campagnes voisines; et des concerts, des musiciens venus de Paris, des danses, des tables dressées dans les jardins, des vers et des chansons par l'abbé Vanmall, grand vicaire de l'archevêque et par moi, la comédie, accompagnée de petits ballets où dansaient la jeune et jolie madame d'Houdetot et madame de Damas et d'autres personnes, donnaient à Brienne l'éclat et la magnificence de la maison d'un prince. Je rappelle les chansons, non pour la place vraiment modeste qu'elles méritaient dans ces fêtes, mais parce que j'en ai retrouvé une qui donnera peut-être quelque idée du mouvement de cette grande maison et de l'état qu'y tenaient les maîtres. »

Objets doux et gracieux,
Belle et brillante jeunesse,
Pour le cœur et pour les yeux
Source d'une double ivresse,
Intérêt délicieux.

Là, d'un temple de Thalie
Il a tracé les contours ;
Le ton du monde et des cours
A l'art de Baron s'allie ;
Le vice et les préjugés,
Enfants de notre folie,
En riant sont corrigés.

Des lieux où la trompe sonne,
Je vois sortir à grands flots
Chiens et chasseurs et chevaux,
Que même ardeur aiguillonne ;
Diane apprête ses traits
Comme la fière Bellone,
Pour les monstres des forêts.

La déesse bienveillante
Pour ses utiles vassaux,
Respecte dans leurs travaux
La culture diligente ;
Elle garde les bienfaits
Que chaque saison enfante,
De Bacchus et de Cérès.

C'est vainement que l'histoire
Vante ces donjons fameux,
D'où les maîtres orgueilleux
Dominaient leur territoire ;
Sur ces lieux qu'on admira,
On nous en a fait accroire ;
Brienne l'emportera.

Trop souvent le brigandage
De ces seigneurs châtelains
A leurs champêtres voisins
Portait la mort et l'outrage ;
Le maître des mêmes lieux
En fait un plus digne usage ;
N'y veut voir que des heureux.

Ces preux, je veux bien le croire,
Parlaient peu, mais buvaient bien ;
Au lieu d'un doux entretien,
Ils s'endormaient après boire.
Bacchus, tes plus beaux présents,
Ceux à qui tu dois ta gloire,
Ne font qu'éveiller nos sens.

Les femmes irréprochables
De ces nobles chevaliers,
N'en déplaise aux romanciers,
Étaient plus sages qu'aimables.
Et dans celle-ci je vois

Vertus et dons agréables;
Tous les charmes à la fois.

Chez eux la grosse opulence
Effrayait la volupté,
Jamais leur simplicité
Ne fut que de l'ignorance;
Ici l'on sait réunir
Et le choix et l'abondance,
Les biens et l'art d'en jouir.

C'est la demeure nouvelle
D'une aimable déité,
La noble hospitalité
Dont la faveur nous appelle,
Qui, pour verser ses bienfaits,
A pris l'air d'une mortelle,
De Brienne a pris les traits.

Puisque ce séjour abonde
En biens, en plaisirs si grands,
Revenons-y tous les ans
De tout autre lieu du monde;
J'y chanterai de nouveau,
Si votre voix me seconde,
J'y chanterai de nouveau
Et Brienne et son château.

LES EXPLOITS

DU DUC DE CHARTRES

Vous avez fait rentrer l'armée [1],
L'Angleterre, très alarmée,
Vous en louera.
Vous aurez, par cet avantage,

---

1. C'est sur mer que commencèrent les hostilités entre la France et l'Angleterre. Les 17 et 18 juin, une escarmouche avait eu lieu entre quatre bâtiments français commandés par M. de la Clocheterie et quelques vaisseaux anglais ; mais le premier grand fait d'armes de la guerre fut le combat d'Ouessant, livré le 27 juillet par le comte d'Orvilliers à l'amiral Keppel. La marine française, réorganisée par M. de Sartines, reprenait par un coup inattendu l'importance que lui avaient fait perdre les désastres de la guerre de Sept ans.

« A la grande surprise de l'Europe, qui ne croyait pas que notre marine, détruite dans la dernière guerre, pût ressusciter si promptement, observe le comte de Ségur dans ses *Mémoires*, on vit, indépendamment de la flotte de M. d'Estaing envoyée en Amérique, une armée navale de trente-deux vaisseaux et de quinze frégates, sortir du port de Brest, sous les ordres du comte d'Orvilliers. Ces trois divisions étaient commandées par les amiraux de Guichen, Duchafaut et Lamotte-Piquet. Celui-ci dirigeait par ses conseils l'ardeur de M. le duc de Chartres, premier prince du sang, embarqué sur son vaisseau.

« L'amiral Keppel, à la tête d'une armée non moins forte, vint au-devant des Français. Il connaissait leur bravoure, mais il vit avec étonnement la régularité de notre ordre

Année 1778.

Et les lauriers et le suffrage
De l'Opéra.

Quoi ! vous avez vu la fumée [1] ?
Quel prodige ! La renommée

de bataille, l'habileté de nos manœuvres et les progrès rapides de notre instruction.

« La bataille fut vive et sanglante ; beaucoup de vaisseaux éprouvèrent dans leurs équipages, dans leurs mâtures, dans leurs agrès des pertes considérables ; mais, comme de part et d'autre aucun bâtiment ne fut pris, on se sépara sans résultat définitif. L'Angleterre, trop accoutumée aux triomphes maritimes, se crut défaite parce que nous n'avions pas été vaincus, et la France s'attribua la victoire parce qu'elle n'avait pas reçu d'échec. »

1. Le duc de Chartres (le futur Philippe-Égalité), qui avait sollicité sans succès la survivance de la charge de grand amiral de France, reçut un commandement d'honneur sur la flotte du comte d'Orvilliers, et prit part au combat d'Ouessant, où il était à la tête de l'arrière-garde. Sa conduite dans cette affaire donna lieu aux appréciations les plus contradictoires, si bien qu'après avoir été tout d'abord accueilli avec enthousiasme par les Parisiens, il devint l'objet de leurs railleries. « M. le duc de Chartres, rentré avec la flotte dans le port, revint trop promptement à Paris. Dans les premiers moments il fut entouré d'éloges ; au spectacle, on lui jetait des couronnes de lauriers. Partout retentissaient des chants de victoire ; la cour et la ville semblaient dans l'ivresse.

« Mais bientôt les nouvelles détaillées arrivèrent, l'enthousiasme s'évanouit, les éloges firent place aux épigrammes. On accusa le comte d'Orvilliers de trop de circonspection, on reprocha au duc de Chartres l'inexécution d'un ordre qui aurait pu lui faire couper la ligne ennemie. On l'irrita en lui retirant son commandement pour le nommer colonel général des hussards, et ce désagrément, qui lui sembla un affront, fut peut-être le germe qui produisit plus tard tant de fautes et de malheurs. » (*Mém. du comte de Ségur.*)

Le publiera.
Accourez vite, il est bien juste
D'offrir votre personne auguste
A l'Opéra.

Tel, cherchant la toison fameuse,
Jason sur la mer orageuse
Se hasarda ;
Il n'en eut qu'une, et, pour vos peines,
Je vous en promets des douzaines
A l'Opéra.

Chers badauds, venez à la fête,
Accourez, criez à tue-tête :
Bravo ! brava !
Cette grande action de guerre
Est telle que l'on n'en voit guère
Qu'à l'Opéra.

Grand prince, poursuis ta carrière :
Paris à ton humeur guerrière
Applaudira.
Par de si nobles entreprises
A jamais tu t'immortalises
A l'Opéra[1].

1. « On n'a pas manqué de plaisanter M. le duc de Chartres sur ses exploits maritimes, sur son retour à Paris, sur son ostentation de se montrer à l'Opéra et sur la sotte admiration dont l'ont accueilli les badauds ; ce vaudeville, un des meilleurs faits depuis longtemps, où l'on retrouve

LA BATAILLE D'OUESSANT[1]

Écoutez bien la nouvelle
Que je vais vous raconter,
Le récit est très fidèle,
Vous pouvez tous y compter;
Il s'agit de notre gloire,
De valeur et de succès;
Dès qu'on parle de victoire
Ça regarde les Français.

D'Orvilliers, hors de la Manche[2],
Arborait depuis longtemps,

le sel de nos anciens et toute la gaieté française, a été fort accueilli à la ville et même à la cour. On sait que M. le comte de Maurepas, qui aime la raillerie et la souffre, l'a goûté beaucoup et l'a entendu chanter à sa table en petit comité. Il est sur un air très à la mode au retour du Parlement, *les Revenants*, en sorte que cet air même fait épigramme. » (*Mém. de Bachaumont.*)

1. « Tandis qu'à Paris on persifle M. le duc de Chartres sur sa prétendue victoire, remportée dans le combat aval d'Ouessant, nos forts retentissent de chansons à sa gloire et à la gloire du ministre; en voici une faite à Bordeaux par le fils d'un négociant nommé Péricy. » (*Mém. de Bachaumont.*)

2. Louis Guillouet, comte d'Orvilliers (1708-1791), fils d'un gouverneur de la Guyane française, était entré en 1728 dans la marine où il se distingua, notamment sous les ordres de la Galissonnière, durant la guerre de Sept

Pavillon et flamme blanche
Entouré de braves gens.
Keppel[1] paraît, on le pique;
Animé par le dépit,
Il va comme un hérétique
Attaquer le *Saint-Esprit*[2].

Aisément on imagine
Qu'en voyant ce furibond,
Le *Saint-Esprit* l'illumine
D'une nouvelle façon;
D'Orléans, qui vient combattre,
Faisant pointer ses canons,
Se bat comme un Henri quatre;
C'est l'usage des Bourbons.

D'Orvilliers, qui partout veille,
Chauffe l'anglais amiral,

ans. Nommé lieutenant général en 1777, il fut appelé au commandement de la flotte qui sortait de Brest pour aller tenir tête aux Anglais. Après la bataille d'Ouessant, il ne reprit la mer qu'au mois de juin 1779 et fit une campagne maladroite et inutile qui le couvrit de confusion et l'obligea à quitter le service.

1. L'amiral Keppel, accusé d'incapacité et de lâcheté par sir Hugh Palliser, qui commandait l'aile gauche de la flotte anglaise, fut mis en jugement à Portsmouth, le 9 janvier 1779. Le procès dura un mois et se termina par l'acquittement de l'accusé, auquel les Chambres votèrent même des remerciements.

2. C'était le nom du vaisseau que montait le contre-amiral Lamotte-Piquet et sur lequel était embarqué le duc de Chartres.

Qui baisse bientôt l'oreille
Devant l'affreux bacchanal.
Que faire? A quoi se résoudre?
Il se sauve au fil de l'eau,
Disant qu'il a vu la foudre
Embraser tout son vaisseau.

Poursuivant ce téméraire,
Nos trois braves généraux,
Sur les côtes d'Angleterre
Ont fait briller leurs fanaux;
Keppel, en ruse fertile,
A bientôt su leur prouver
Qu'un marin vraiment habile
Sans fanaux peut se sauver.

Sartine accourt de Versailles,
La joie était dans son cœur;
Louis apprend la bataille
Avec le nom du vainqueur;
Quel doux transport d'allégresse
Produit cet exploit fameux!
Tout lui plaît, tout l'intéresse
Dans ses sujets valeureux.

D'un avenir bien sinistre,
Je vois l'Anglais menacé;
Laissons faire ce ministre
Il a si bien commencé;
Avant la fin de la guerre

Il fera, je le prédis,
La police en Angleterre,
Comme il l'a faite à Paris.

LE DEJEUNER ANGLAIS[1]

J'AI souvent fait réflexion
Que le matin d'une victoire,
Tous les favoris de la gloire
Avaient le sommeil profond :
Ainsi Condé, tel Alexandre,
Aux champs d'Arbelle et de Rocroi,
   Dormaient dans la bonne foi
      Qu'on devait les attendre.

Monseigneur, il faut vous lever,
Dit Foissi[2], chaud comme une braise,
L'amiral de la flotte anglaise
Vous demande à déjeuner.
Quoi, dit Bourbon, cet hérétique
Vient visiter le *Saint-Esprit ?*
   Par ma foi, sans contredit,
      L'aventure est unique.

---

1. « Pour dédommager le duc de Chartres de la chanson satirique où on le persifle, en voici une plus flatteuse ; elle est intitulée le *Déjeuner anglais.* » (*Mém. de Bachaumont.*)
2. Nom de l'écuyer de Son Altesse royale. (M.)

Qu'on s'apprête à le festoyer,
Dit Bourbon à son équipage,
Pour maître d'hôtel de passage
Je choisis un canonnier.
L'amiral arrive et s'étonne
De trouver tout prêt le repas;
 On traite jusqu'aux goujats,
  Car Monseigneur l'ordonne.

Pour mieux régaler les Anglais,
On joignit à la bonne chère
Un excellent vin de Tonnerre
Que Mars fit tirer exprès;
Les têtes anglaises tournèrent
Pour avoir vidé maint flacon ;
 Parbleu, le vin était bon,
  Mais beaucoup en crevèrent.

Keppel, rentrant sur son palier,
N'avait non plus tête fort saine ;
Soit trop de boisson, soit migraine,
Il tomba dans l'escalier ;
Pour le remettre dans sa route,
Bourbon ordonne en quatre mots
 Qu'on allume les falots ;
  Keppel n'y voit plus goutte.

MONSIEUR JÉRÔME[1]

Connaissez-vous dans le canton
Certain savant, bon compagnon,
Qui de Copernic, de Newton,
    Fait le second tome?
  On devine son nom,
    C'est monsieur Jérôme.

1. Jérôme Lefrançais de Lalande, célèbre astronome, membre de l'Académie des sciences et professeur au Collège de France, était le vénérable de la loge maçonnique des Neuf-Sœurs, où cette chanson fut chantée en son honneur, le 30 septembre, jour de la fête de saint Jérôme. « Quoique tout ce qui se passe dans l'intérieur des francs-maçons doive être un secret, remarquent les *Mémoires de Bachaumont,* l'amour-propre de l'auteur et du héros a laissé transpirer cette plaisanterie. Pour bien l'entendre, il faut savoir que M. de Lalande est grand amateur du beau sexe et philosophe d'une société douce et aimable. »

L'auteur de *Paris, Versailles et les provinces au* XVIIIe *siècle* est moins indulgent pour l'illustre astronome, et il le traite avec fort peu de ménagements. « M. de Lalande, dit-il, joignait à des connaissances rares une vanité absurde qui lui faisait dédaigner comme préjugés populaires non seulement les sentiments qui font le bonheur et la consolation de l'humanité, mais même les répugnances générales que la nature semble avoir placées chez tous les hommes.

« En société, il affectait de sortir de sa poche une boîte pleine d'araignées, de les prendre délicatement avec ses doigts, de les sucer et de les avaler, en soutenant qu'il n'y avait pas de mets plus fin et plus délicieux....

« Il quitta momentanément la capitale pour aller revoir

Comme un chantre lit au lutrin,
Dans les cieux il vous lit en plein :
Qu'une comète aille son train,
    Crac, vite, il vous l'empaume ;
Ce n'est qu'un tour de main
    Pour monsieur Jérôme.

L'astre qu'il observe le plus
Est la planète de Vénus :
Tous ses aspects sont bien connus
    De ce grand astronome.;

sa patrie (Bourg-en-Bresse). Il y fut accueilli avec l'enthousiasme qu'inspirait sa grande réputation... A son retour à Paris, il s'empressa de vanter sa province comme un des sites les moins connus, mais des plus riches de la France et le plus ménagé pour ses impositions. Ce fut d'après ses assertions qu'on doubla les contributions de ce pays, et il ne dut pas être étonné que dans un second voyage toutes les portes lui fussent fermées.

« Il établissait sur les mouvements des astres, sur les variations des saisons des prédictions non seulement physiques, mais politiques et morales dont il ornait l'almanach de Gotha, et qui en faisant la fortune de ce petit ouvrage contribuaient à la sienne. C'est là qu'il annonça l'arrivée prochaine d'une prodigieuse comète qui, se rapprochant de la terre, devait l'embraser et la réduire en poudre, prophétie qui alarma beaucoup d'esprits faibles et ne servit qu'à dévoiler son charlatanisme, la comète n'ayant point paru et la terre étant restée aussi fraîche qu'à son ordinaire... Il affectait de prêcher hautement l'athéisme et de soutenir que la matière, étant éternelle, s'était organisée d'elle-même. Ayant peu de moyens de faire valoir un système aussi absurde, il ne répondait aux raisonnements qu'on opposait à ses paradoxes que par un rire sardonique et un mépris insultant que sa figure ignoble rendait encore plus insupportable. »

Les cieux sont toujours nus
Pour monsieur Jérôme.

Quand il parle ou quand il écrit,
En grand chorus on applaudit ;
L'innocente Lise se dit :
Cela vaut un royaume.
Ah ! quêtons de l'esprit
Chez monsieur Jérôme.

Il raisonne comme un Platon,
Il n'agit point comme un Caton ;
Moi, je trouve qu'il a raison,
Caton fut trop sauvage,
C'était un furibond ;
Jérôme est un sage.

NOËLS POUR L'ANNÉE 1778[1]

Par droit incontestable
Acquitté tous les ans,
Jésus doit dans l'étable
Recevoir nos présents ;

---

1 « Dans ce noël on passe en revue les membres de la Société royale de médecine, sans en omettre aucun et tous ont leur pardon. On ne peut que gémir sur la discorde affreuse ainsi excitée entre des personnes graves et austères qui devraient se respecter davantage et ne pas re-

De la Société que l'on nomme royale,
  Les membres voulant tout avoir,
  Sous le prétexte du devoir,
    Vinrent faire cabale.

  Suivi de sa cohorte,
  Prête à commandement,
  Lassone ouvre la porte
  Inconsidérément.

nouveler entre eux ces antiques et méprisables querelles de savants en *us*. » (*Mémoires de Bachaumont*.)

La Société royale de médecine eut à ses débuts de graves différends avec la Faculté : « On entendait dire, écrivait Hardy au mois d'octobre, que la Société royale de médecine, établie en 1776 par arrêt du Conseil à la sollicitation du sieur de Lassone, premier médecin du Roi, en survivance du sieur de Lieutaud et dans laquelle on avait eu soin d'attirer un certain nombre des plus célèbres médecins de la Faculté de Paris, rendue plus stable et plus permanente par des lettres patentes du Roi en quatorze articles données à Versailles, le 29 août précédent et enregistrées au Parlement le 1er septembre, éprouvait déjà un commencement de dissolution par la retraite de plusieurs des membres qui la composaient, tels que les sieurs Bouvard, Malouet, etc. Ces médecins, un peu plus éclairés que leurs autres confrères associés royaux, tant sur les vrais intérêts de leur corps que sur les projets destructeurs de sa liberté, conçus soi-disant par le susdit sieur de Lassone, qui ne se proposait rien moins, selon les apparences, que de devenir le supérieur en chef de la Faculté de médecine de Paris, comme le sieur Pichault de Lamartinière l'était de l'Académie royale de chirurgie, paraissaient vouloir se réunir au plus grand nombre des membres de ladite Faculté, lesquels, peu disposés à se laisser mettre en esclavage, se donnèrent toutes sortes de mouvements pour secouer le joug qu'on cherchait à leur imposer, en travaillant à obtenir, s'il était possible, la révocation des susdites lettres

Joseph court aussitôt et se prend à lui dire :
Ici de quel ton entrez-vous ?
Voyez, apprenez que chez nous
Il n'est point de Zaïre.

Pour déguiser sa honte,
Il présente son fils,

patentes, à l'enregistrement desquelles le procureur général du Parlement ne s'était prêté, disait-on, que malgré lui. »

Le différend s'aggrava chaque jour davantage, si bien qu'à la fin de décembre, la Faculté résolut de recourir aux grands moyens : « Depuis plus de quinze jours, il existait une scission pleine et entière entre la Faculté de médecine de Paris et ceux des membres de cette faculté qui composaient la Société royale de médecine, au point que cette Faculté avait arrêté par un décret en forme, de ne plus s'assembler à l'avenir et de ne procéder à aucun cours d'études jusqu'à nouvel ordre, s'en tenant à donner toujours les consultations gratis pour les pauvres dans ses écoles et à continuer de voir des maladies ; au moyen de quoi tous les exercices se trouvaient suspendus, sans que le bruit qu'on avait fait courir que le décret de ladite Faculté serait cassé par un arrêt du Conseil se fût encore réalisé. On annonçait même que l'Université se disposait à intervenir en faveur de la Faculté de médecine. Tout le monde était fort impatient de voir le dénouement de cette querelle singulière. »

Mais le public n'attendit pas longtemps : « Une lettre de cachet obligea la Faculté à reprendre ses cours interrompus, tandis que la Société royale qui avait jusqu'alors tenu ses séances au Collège de France, était autorisée à les transférer au Louvre, dans la salle même où le ministre du département de Paris avait coutume de donner ses audiences. Cette mesure, tout en donnant une consécration nouvelle à la Société royale, avait pour but de l'éloigner de son ennemie, dont le chef-lieu était rue Saint-Jean-de-Beauvais, dans les vieilles écoles de droit. »

Et commence un long conte
De ses talents exquis,
L'âne l'interrompit : Est-ce ainsi qu'on nous joue ?
On sait, dit-il, depuis longtemps
Le goût, l'esprit et les talents
Qu'il a pris à Padoue.

Lassone pour réponse,
Comptant sur la faveur,
Avec emphase annonce
Qu'il est son successeur :
Je le forme à plaisir pour notre souveraine ;
Ah ! s'écria Joseph surpris,
Outre le père, avoir le fils ;
Grand Dieu, sauvez la Reine !

Vicq d'Azir se présente,
Il ose se nommer.
Le bœuf en épouvante
Croit qu'on va l'assommer ;
Ah ! Jésus, s'écrie-t-il, ce boucher m'embarrasse ;
Au lieu d'apporter guérison,
Il a sans rime ni raison
Exterminé ma race.

Après ce secrétaire,
Arrivent vingt élus.
L'âne se mit à braire :
Soyez les bien venus,
Frères, je vous connais, vous êtes de ma clique ;

Ayant tous même qualité,
Avec vous en société
Nous ouvrirons boutique.

Quelques-uns de la bande
S'offensent du propos :
Çà, dit-on, qu'on gourmande
Ce général des sots !
Laporte en vrai taquin va frapper sur la bête :
Mais l'âne aussitôt l'esquiva.
Lalouette, se trouvant là,
Eut le coup sur la tête.

D'après cette méprise,
Laporte entre en fureur,
Et sur la bête grise
Veut venger son erreur ;
Mais il s'amadoua, l'histoire ainsi l'expose ;
Car son coup n'était pas perdu ;
Sur l'un ou l'autre individu,
C'était la même chose.

Sachant qu'à même chance
Il pouvait avoir part,
Chamseru, par prudence,
Court se mettre à l'écart ;
Vicq d'Azir l'a jadis tancé sur sa bêtise.
Or, remarquez-en le profit,
Fuir est le premier trait d'esprit
Qui le caractérise.

A cet exemple utile,
Jean Roy sentit son cœur
Et va, comme un reptile,
Pour cacher sa frayeur.
Toi, l'opprobre d'un oncle en tout recommandable,
Je t'aperçois, lui dit Jésus;
C'est donc pour tes cinq cents écus
Que tu te rends coupable?

De son ingratitude
Thouret rougit alors;
Nul criminel n'élude
Le tourment des remords :
Il éprouvait déjà cet utile supplice,
Lassone, le voyant gémir,
Fait signe de le raffermir
Au doucereux Lassisse.

On n'avait du message
Point encor dit l'objet;
L'homme au plus long corsage
En avait le projet;
Poissonnier à Jésus s'adresse avec mystère,
Et discourant tant mal que bien,
Parle beaucoup, n'éclaircit rien,
Comme à son ordinaire.

A travers le sens louche
Dont ce marin parla,
Par un mot de sa bouche

Jésus le dévoila :
Je vois à fond, dit-il, votre fausse éloquence ;
Vous êtes mauvais citoyen ;
De n'avoir pas été doyen,
C'est pour tirer vengeance.

La réponse équitable
De notre Rédempteur
Fait retentir l'étable
D'un bruit murmurateur ;
La troupe est ébranlée, à sortir on s'apprête ;
Mais Vicq n'ayant pas fait sa main,
Craignant de perdre son butin,
D'un coup d'œil les arrête.

Lorry crut qu'à Marie
Il fallait s'adresser ;
D'une phrase fleurie
Il allait l'encenser ;
Mais Marie à l'instant l'arrêta sur la route
Et lui dit d'un air virginal :
De votre compliment banal
La fadeur me dégoûte.

Hallé prit la parole :
Mon oncle est insulté ;
Il a fait son idole
De notre Faculté. —
De la foi des serments vous vous jouez sans honte,
Lui dit Joseph avec pitié ;

Pourrait-on de votre amitié
    Jamais faire aucun compte?

Poissonnier de Perrière
Voulut argumenter;
Mais sa bouche ordinaire
Sut toujours tout gâter;
L'âne lui fit exprès cent questions subtiles,
    Pour savoir positivement
    Ce qui l'avait si promptement
        Fait partir pour les Iles.

Ce trait à son mérite
Était bien appliqué;
Jussieu s'en félicite,
C'est son gendre manqué;
Ils auraient, sans la dot, été dans la concorde;
    Mais au calcul, leur double agent,
    Entre eux, en homme intelligent,
        Fit naître la discorde.

L'auteur de la rupture
Était l'abbé Tessier;
Il paraît pour conclure
Et se justifier :
Certaine pension par eux m'était promise,
    Or ce pot de vin me manquant,
    J'ai dû, pour être conséquent,
        Renverser l'entreprise.

Ne perdant point la tête,
Dans tous ces vains débats,
Pour commencer sa quête,
Caille allonge le bras :
Eh quoi, lui dit Joseph, quêter jusqu'en l'étable?
Vous quêtez à la Faculté
Et dans votre société;
Vous quêterez au diable.

De Jésus la pratique
Tenta Charles Le Roi;
A l'âne il s'en explique :
Ah! procurez-la-moi ;
Je pourrais vous offrir moitié de l'honoraire. —
Grand merci, dit l'âne en courroux,
A des laquais adressez-vous;
Ils font mieux votre affaire.

Lassés de ces couleuvres
Qu'il fallait avaler,
Les membres par leurs œuvres
Veulent se signaler.
Macquet veut commencer, l'âne le trouve étrange
Et lui dit : Dans un lieu puant,
Vous n'aviez qu'un pied seulement;
Vos deux sont dans la fange.

Portant son spécifique,
Audry se présenta;
Sur un ton magnifique

En maître il le vanta :
Fi donc ! lui dit Jésus, vous crachez du mercure ;
Ce rob n'est qu'un leurre de plus,
Vous l'exaltez pour les écus
Que son débit procure.

Partageant cette offense,
Paulet vint réclamer :
Une telle sentence
Pourrait nous diffamer. —
Tout ce qu'il vous plaira, lui dit aussitôt l'âne ;
Vous protégez un charlatan,
Vous en recevez du comptant,
Ce trafic vous condamne.

Sans craindre ce reproche,
Bucquet montre son front
Et tire de sa poche
Un morceau de savon :
Voici contre l'eau-forte un plus sûr antidote. —
Ah ! dit Jésus, laissons cela,
Je suis surpris de vous voir là ;
Quittez cette marotte.

Geoffroy, croyant mieux faire,
Offrit ses hannetons ;
Cet insecte vulgaire
Plaît aux petits garçons
Jésus connut l'avare au ton de sa parole,

Et désirant le renvoyer :
Monsieur, dit-il, pour vous payer,
Je n'ai pas une obole.

L'appareil électrique
Fut offert par Mauduit ;
De son effet magique
Il vanta le produit :
Je secoue à mon gré les humeurs ennemies. —
Ah ! dit le bœuf, faites toujours ;
C'est là sans doute un grand secours
Dans les épidémies.

Coquereau, comme un sage,
N'offrit rien de son chef
Et mit tout en usage
Pour raccoler Joseph.
Celui-ci lui répond : Vous me la baillez bonne ;
Pour entrer dans votre bourbier,
Après Macquart et Colombier,
Ne comptez sur personne.

L'orgueil du petit homme
Soutint bien ce refus ;
De quel coup qu'on l'assomme,
Il n'est pas plus confus ;
Sa tête est si féconde en audace, en souplesse !
Jusqu'au moment qu'il la perdra,
Selon le cas il emploiera
L'astuce et la bassesse.

Ce raccoleur s'avance
D'un ton plus radouci;
Il fait la révérence
Au bœuf, à l'âne aussi :
Il nous faut des sujets, oh ! vous serez des nôtres,
Vous entrez bien dans nos projets,
Nature vous fit exprès,
Vous en valez bien d'autres.

A la première annonce,
Le bœuf refuse net;
On a même réponse
De la part du baudet.
Mais en se ravisant, je suis prêt à vous suivre,
Dit le bœuf; mais auparavant
Qu'on chasse ce Normand,
Car enfin je veux vivre.

Vous avez vu, dit l'âne,
Ma bonne volonté ;
Mais de vous il émane
Certain gaz empesté :
Il m'a fait balancer, mais à tout je m'expose,
Comptant bien sans prévention
Obtenir une pension;
C'est bien la moindre chose.

On traita d'impudence
Le marché du baudet;
Un tas d'acteurs s'avance,

Disputant d'intérêt :
C'est moi, criait chacun, qu'il faut qu'on pensionne.
Tous ces gosiers, de soif brûlants,
Jetaient tant de cris différents
Qu'on n'entendait personne.

Les bergers à l'étable
Arrivaient à grands pas :
Ce bruit épouvantable
Fait tressaillir leurs bras ;
Ils trouvent à la crèche une tourbe inquiète ;
Craignant pour Marie et Jésus,
Ils chassent ces nouveaux intrus
A grands coups de houlette.

ANNÉE 1779

LES AMBULANTES A LA BRUNE

CONTRE LA DURETÉ DU TEMPS[1]

Tout est donc mort présentement,
Le temps seul est dur, misérable ;
Chacun se plaint à tout moment
Que quelque sort fatal l'accable,

1. A la fin de l'année 1778, une ordonnance du lieutenant général de police Lenoir, rendue à la requête du procureur du Roi au Châtelet avait renouvelé avec différentes additions les anciens règlements relatifs aux femmes et filles de mauvaise vie, « attendu, disait le préambule, que le libertinage était porté à un point que ces femmes et filles publiques, au lieu de cacher leur infâme commerce, avaient la hardiesse de se montrer pendant le jour à leurs fenêtres d'où elles faisaient signe aux passants pour les attirer ; de se tenir le soir sur leurs portes et même de courir les rues où elles arrêtaient les personnes de tout âge et de tous états, etc. » Les résultats de ces mesures ne se firent pas attendre, ainsi que Hardy le

Que rien ne vit, que tout est bas,
Que le commerce ne va pas.
Aussi trop de monde s'en mêle,
Tout est aujourd'hui pêle-mêle,
Et l'on ne trouve à chaque pas
Que des compères et commères
Qui vous offrent tout leur vaillant
Pour petite somme d'argent :
Tel est, hélas ! de nos misères
Et de l'extrême discrédit

constatait avec satisfaction dans son *Journal,* à la date du 24 novembre. « On éprouvait déjà, dans les différents quartiers de la capitale et notamment dans celui de la rue Saint-Honoré, depuis cette ordonnance de police à l'exécution de laquelle le gouvernement paraissait vouloir veiller scrupuleusement, un calme et une sécurité qu'on ne connaissait plus depuis fort longtemps. Car, au moyen des enlèvements successifs exécutés journellement dans les rues ou dans les maisons de toutes celles des femmes ou filles de débauche qui se permettaient encore de raccrocher les particuliers sur le pavé et de leurs fenêtres, comme d'une multitude de jeunes libertins attirés sur leurs pas et qu'on voyait sans cesse autour d'elles, on n'en rencontrait presque plus les soirs, et les occasions prochaines de commettre le mal que la faiblesse humaine rendait trop souvent si funeste à bien des gens, se trouvaient au moins retranchées. On humiliait ces malheureuses femmes et filles du monde en les arrêtant d'une manière qui devait leur être bien sensible ; car on les rasait après avoir coupé leurs cheveux dont la longueur se trouvait nécessitée par le costume ridicule des hauts chignons de notre siècle. On ne pouvait qu'applaudir à un règlement de police dont la sagesse allait peut-être enfin opposer une espèce de digue à la corruption des mœurs de la jeunesse qui semblait depuis nombre d'années s'être débordée comme un torrent que rien ne pouvait plus contenir. »

De notre état qui s'avilit
La source et la cause premières.
O temps heureux! où nos consœurs,
En petit nombre et très chéries,
Pour éviter les tricheries,
Portaient la couronne de fleurs :
D'un chacun recevant l'hommage,
L'or, l'argent pleuvaient à foison
Dans leur galant aréopage ;
On les voyait sur le bon ton
Faire chez soi grand étalage ;
Quand elles quittaient la maison,
Rouler dans un bel équipage ;
La plupart s'amassant un fond,
Lorsqu'elles arrivaient sur l'âge,
Pouvaient remercier Cupidon,
Et vivre à l'abri de l'orage
Et des revers de la saison.
Siècle d'or, te reverra-t-on ?
Ah ! quelle énorme différence
De nos sultanes d'aujourd'hui
A ces nymphes du temps jadis !
Hélas ! toute autre en est la chance !
Outre qu'en ce siècle maudit
Et si funeste à notre engeance,
Qui tombe petit à petit,
De la plus cruelle indigence
Nous ne sommes pas à l'abri ;
C'est que dans tout l'on nous tracasse,
Et que tout semble s'être uni

Pour nous donner partout la chasse.
Quelle maudite invention,
Entre autres, que le réverbère !
Ah ! cette illumination
Met le comble à notre misère ;
Hélas ! en nous ôtant le soir
Qui faisait seul tout notre espoir,
Ces impertinentes lumières
Renvoyent l'amour aux gouttières ;
L'état ne va plus rien valoir.
Compatissante Cythérée,
Reine de l'empire amoureux,
Sois sensible aux cris douloureux
D'une troupe désespérée,
Qu'on cherche à bannir de ces lieux
Où ta présence est adorée ;
Mère du plus charmant des dieux,
De ta cour ce sont les suivantes,
Humaines et bonnes vivantes,
En simple jupe, en falbala,
A la grecque, com-ci, com-ça,
Dans le crépuscule ambulantes,
Dans l'exercice jamais lentes ;
On nous connaît sur ce ton-là.
Cependant, humaine déesse,
Malgré nos preuves de souplesse,
De bon ordre dans le devoir,
On soupçonne notre finesse,
Et l'on éclaire notre adresse
Quand le ciel est drapé de noir ;

Tous les soirs, dès que le jour baisse,
Dans la nuit même, pour nous voir
Exercer notre ministère,
Qui n'est pourtant pas un mystère,
Par certain magique pouvoir,
On a placé le réverbère
Qui défend de dire bonsoir ;
La lanterne était si commode !
Le vent l'éteignait, la cassait,
Incognito l'amour passait ;
Mais depuis la maudite mode
Du réverbère radieux,
C'en est fait de nous en ces lieux ;
Plus de démarche clandestine :
Adieu, messieurs les langoureux,
Plus d'attaques à la sourdine,
Nous voyons trop notre ruine
A travers ce corps lumineux ;
Le guet nous voit et nous chagrine ;
Encor s'il était amoureux,
On badinerait la machine
Qui jette partout flamme et feux ;
Mais pouvons-nous compter sur eux ?
Bien plus, nouvelle faribole !
On veut, dans ce siècle frivole,
Et pour nous de si dur aloi,
Éplucher jusqu'à la parole.
Vénus, dans ton aimable code,
Défends-tu par aucune loi
Ces mots : petit cœur, petit roi,

Qui sont des termes de l'école?
Quoi! ce que chante à l'Opéra
La princesse de *la, mi, la*
Avec ses deux poings sur les hanches,
Est-il plus chaste que cela?
Oh! mais c'est qu'elle est sur les planches.
Enfin que n'invente-t-on pas
Pour réduire aux abois, hélas!
Toute une troupe qui, sans nuire,
Ne cherche que moyen de rire.
Souveraine des rois, des dieux,
Protège tes humbles vassales
Dans ce désastre périlleux ;
Tu défends si bien nos rivales,
Ces fausses prudes aux doux yeux,
Jouant en public les vestales,
Mais en secret à d'autres jeux
S'abandonnant à qui mieux mieux;
Ne sommes-nous pas leurs égales?
Sois donc aussi propice aux vœux
De tes ambulantes bergères,
Qui descendent de leur boudoir
Fort assidûment chaque soir,
Pour venir comme des commères
Écouler avec des amants
De doux et lucratifs moments
Faits pour ces ardeurs passagères,
Qui coûtent peu de sentiments
Et souvent n'en sont pas moins chères.
Mais hélas! ô sort malheureux,

Malgré nos désirs généreux,
Pour nous, trop implacable mère,
C'est merveille quand ton grand cœur,
Si propice dans tout malheur,
Nous retire de la misère;
Tu nous laisses à l'abandon
Comme bâtardes de Cythère.
Oui, nous ne le voyons que trop,
C'est que l'Amour qui nous gouverne
N'est qu'un petit dieu subalterne,
Un enfant sortant du maillot,
Que la plupart du monde berne.
Timide et toujours au galop,
S'il nous mène en bonne fortune,
Ce n'est jamais que sur la brune;
Comme le plus mince sujet,
Il craint le moindre clair de lune,
Il n'entend, ne voit que le guet,
Soit l'équestre, soit le pédestre;
C'est un amour colifichet
Dont le grand cœur est bien terrestre.
Mais vive ton céleste aîné!
Ah! que ce bel enfant est leste!
C'est un petit déterminé,
A l'attaque et défense preste;
Tout un régiment il verrait
Pour espionner sa conduite,
Cent commissaires à sa suite,
Garde ou pousse le poursuivrait,
Son chemin toujours il irait;

A l'Opéra descendu, vite
Dans les coulisses il dirait
A plus d'une : bonsoir, petite.
Pour notre patron, son cadet,
Ce n'est ma foi qu'un marmouset,
Qui ne fait rien qu'en cache-mite ;
Plus on sait que c'est un coquet
Que l'argent seul conduit au gîte :
Ah ! c'est fait de nous à la suite
D'un protecteur si freluquet,
Si ton bras ne nous sauve vite.
Or, déesse, il est un secret
Pour sauver moitié de ta troupe ;
Vois-tu ces remparts séducteurs
Où mille plaisirs sont par groupe,
Formés par des arts enchanteurs :
Ce lieu nous paraît favorable
Et très propre à nous relever ;
Vénus, daigne nous y placer ;
Notre engeance, toujours aimable,
Rendra ce lieu plus agréable.
L'on y voit déjà de nos sœurs,
La plupart très reconnaissables,
Par mille allures remarquables ;
Un air pimpant, des yeux quêteurs,
De grands toupets en escalades
Et les côtés en palissades.
Tantôt, c'est en cabriolet
Qu'une nymphe des mieux coiffée
S'arrête près de Nicolet ;

L'autre, en Bourbonnaise attifée,
S'étale avec un air coquet
Aux solitaires contre-allées
Où marchandises sont mêlées.
C'est surtout quand il se fait tard
Qu'elles viennent de toute part.
Qui pourrait deviner le nombre
Des fausses prudes cherchant l'ombre,
Qui ne vont pas là tout exprès
Pour humer à crédit le frais.
Comme cet endroit est très sombre,
Qu'on n'y voit que par-ci, par-là,
Il faut aussi nous loger là ;
Nous le croyons propre au commerce
Auquel notre troupe s'exerce ;
Il peut nous tirer d'embarras :
C'est le rendez-vous des rabats,
Des petits sénateurs en germe,
Des riches commis de la ferme,
Quand de calculer ils sont las ;
On les voit venir pas à pas
Pour s'y rafraîchir l'épiderme ;
Rencontre-t-on ces gros papas,
On s'intrigue, on parle tout bas,
Pour un instant le cœur s'afferme,
On n'est pas Turc près des ducats,
Et cela fait payer le terme.
Est-il lieu comme celui-ci ?
Rome l'ancienne avait bâti
Un temple à Vénus l'immortelle :

Vénus, dit-on, n'a point pâti
D'être dans Rome la nouvelle;
On parle d'un certain quartier...
Que les boulevards soient le nôtre!
On nous le doit plus qu'à tout autre;
Car enfin quel est le métier
Où l'on voit d'aussi bon apôtre
Qui ne s'occupe tout entier
Que de l'utilité publique,
Malgré du monde la critique;
Nymphes ont le cœur si loyal,
Qu'elles font le bien pour le mal.
Que feraient les femmes décentes,
Ces héroïnes de vertu,
Dans mille attaques renaissantes,
Si nous n'étions les combattantes?
Après qu'elles ont combattu,
L'honneur leur reste et nous par grâce
On nous hue, on nous rime en *tain,*
On nous envoie à Saint-Martin;
Mais, supposé que l'on nous chasse,
Reprendront-elles notre place,
Celles pour qui nous militons?
Eh ! qu'il en est dans ces cantons
Faisant nos tours de passe-passe,
Allant comme nous à la chasse
Sur les plaisirs de Cupidon !
Mais *motus,* ce sont des matrones,
A qui, public, tu le pardonnes,
Par leur prévoyante façon

D'éviter tout mauvais soupçon ;
D'ailleurs, à Paris comme à Rome,
Péché caché vaut son pardon.
Pour nous l'on prend un autre ton ;
Par grâce obtiens, grande patronne,
Que quelque rempart on nous donne,
Où la garde, qui voit trop bien,
Passe comme ne voyant rien
Sans lire dans la perspective,
Et que l'illustre commandant
D'une garde un peu trop active
N'y tienne plus sur le qui-vive
Un amour qui n'est trop ardent
Que parce qu'il faut bien qu'il vive.
Si l'on daigne ainsi cantonner
De notre légion fameuse
L'espèce honnêtement nombreuse
Qui son petit bien veut donner,
Bientôt notre troupe galante,
Comme les héros militante,
Lèvera tous ses étendards
Et fera de nos boulevards
Un nouveau pays de conquêtes.
On connaît notre fermeté,
L'on sait qu'à servir toujours prêtes,
Nous n'avons jamais hésité ;
Ce sera dans les contre-allées
Que nous ferons nos assemblées,
Comme ces sages anciens,
Dits péripatéticiens,

Formant un corps ambulatoire ;
De ces lieux où l'on ne voit rien,
Nous formerons pour plus grand bien,
Un nouveau temple de Mémoire.
C'est là qu'on apprendra l'histoire
De ces héros, vrais fils de Mars,
Qui savent braver les hasards
Au sein même de la victoire,
Qui viennent ensuite, à l'écart,
Au grand saint Côme offrir leur gloire
Et leur larmoyant étendard.
On y verra nos héroïnes
Dignes de l'immortalité,
Nos Angéliques, nos Justines,
Dont le grand cœur, la fermeté,
La valeur, l'intrépidité,
Les égalent aux Messalines,
Dont le nom était si vanté.
Pour tant d'actions glorieuses
Et de prouesses si fameuses,
Nous ne demandons qu'un répit :
On sait que dans l'endroit susdit,
Le soir, jusqu'à la neuvième heure,
Le rempart nous met en faveur ;
A peine le guet nous effleure,
Enchanté de notre ferveur ;
Mais, quand l'heure dixième sonne,
C'est alors que le guet raisonne ;
Adieu dès lors nos petits jeux,
Forcés de faire place à ceux

Qu'en ce moment Nicolet donne,
Car quand il est tout à fait nuit,
Si nous risquons d'être joueuses
Comme il est joueur à minuit,
On nous appelle des coureuses,
Le guet court sur nous à grand bruit,
Nous atteint nous gante et conduit
Où sont les antivertueuses.
Pour grâce, dis-je, et tout répit,
Qu'on nous donne, comme il est dit,
Une permission tacite,
Comme on en donne à maint auteur,
Afin qu'il trouve un imprimeur;
De la dixième heure susdite
Qu'il nous soit libre, au boulevard,
De compter jusqu'à la douzième;
Car pour nous deux heures plus tard
Sont d'une conséquence extrême;
Le souper rend l'esprit gaillard,
Et cela, comme on s'imagine,
Favorise très fort notre art.
Moyennant cette grâce insigne
Le commerce relèvera;
Ne jouant plus à la sourdine,
L'argent à foison nous pleuvra;
Nous pourrons comme toi, Cyprine,
Tranquillement sur un sopha
Braver et misère et famine.
  Ainsi soit-il.

VOYAGE EN AMÉRIQUE[1]

Ami, je suis parti de France
Le cœur plein d'un noble projet,
L'esprit content, car l'espérance
Embellit toujours son objet.

Je m'embarquai pour l'Amérique,
Je quittai mon pays natal,
Traversant le vaste Atlantique
Sur la foi de l'abbé Raynal[2].

1. L'engouement des Français pour la cause de l'indépendance américaine avait été trop général et trop spontané pour durer longtemps; avec la réflexion, nombre de gens comprirent, ainsi que le prouve cette pièce, combien l'on avait fait fausse route; mais il était trop tard pour reculer. Si, au commencement de 1779, le marquis de la Fayette était revenu d'Amérique pour solliciter un secours de troupes et d'argent, à la fin de la même année il écrivait à un de ses amis, d'après la *Correspondance secrète* : « Je commence à m'apercevoir que, séduit par un faux enthousiasme de gloire, j'ai fait une sottise de passer chez les Américains. Mais je sens aussi que c'en serait une plus grande de revenir. Le vin est tiré, il faut le boire jusqu'à la lie, mais cette lie se fait déjà sentir. »
2. L'abbé Raynal avait publié, en 1770, son *Histoire philosophique et politique des établissements et du commerce des Européens dans les deux Indes*, ouvrage composé hâtivement et pour lequel il avait recueilli de tous côtés des matériaux de valeur fort inégale. Ce que l'on remarquait surtout dans cette première édition, c'était l'insuffisance des renseignements exacts, le peu d'habileté avec lequel

Mais lui, peu chiche de l'étoffe
Dont son esprit chaud s'empara,
Comme un moderne philosophe
A taillé l'erreur en plein drap.

Dans la douce ivresse où nous plonge
Le charme d'un style divin,
Les prix fols sont pour le mensonge,
Le vrai moisit au magasin.

De ce peuple encor dans l'enfance
J'ai vu les asiles divers :
Son orgueil, son indépendance
Préparent sourdement ses fers.

Il est sobre par indolence,
A peine peut-on l'émouvoir,
Et la liberté qu'il encense
N'est que la haine du devoir.

J'ai vu le quaker pacifique,
Dont l'orgueil perçait le manteau,

étaient fondus ensemble les documents ou les chapitres entiers fournis par des amis de l'auteur, et l'abus constant d'un style ampoulé et dramatique qui ne parvenait pas à dissimuler les graves défauts du fond. Ces défauts furent d'ailleurs notablement corrigés dans les éditions subséquentes. L'abbé ne commença à signer son livre que dans l'édition publiée à Genève en 1780, ce qui attira sur lui les rigueurs du Parlement et de la Sorbonne et l'obligea à quitter la France.

J'ai vu l'insolence cynique
Qui fixa son vaste chapeau.

Je n'épouse point la manie
Qui le porte à braver les rois,
Et qui le fait, par modestie,
Tutoyer frère George Trois.

L'air philosophe qu'il se donne
En sa faveur conclut-il bien?
Le sage, qui ne hait personne,
Est assez près de n'aimer rien.

Moi, j'ai vu ces hommes intègres,
Vantés par tant d'honnêtes gens,
D'une main affranchir des nègres
Et de l'autre acheter des blancs.

La probité de ces sectaires
N'était pas ce qui m'étonnait;
J'admirais de vieilles sorcières
Chez qui Dieu se réincarnait.

Ah! dis-je, ah! quels monstres farouches
Le Saint-Esprit daigne inspirer;
C'est dans de si vilaines bouches
Que le diable va se fourrer!

Parmi tant de cultes fantasques
L'homme simple reste abattu,

Et ne sait plus sous tant de masques
Comment discerner la vertu.

Enfin, telle est la digne race
De ces soldats fiers et cruels,
Qu'un hypocrite plein d'audace
Arma sous l'abri des autels.

Le bonheur d'autrui les irrite,
Jaloux, sans foi, sans amitié,
Ils cherchent partout le mérite,
Mais c'est pour le fouler aux pieds.

Un jour, ce peuple fanatique
Qui hait avec férocité,
Vous le verrez dans l'Amérique
Le fléau de l'humanité.

Un culte austère, un sol agreste,
La soif de l'or, un cœur cruel !
Pour guider son penchant funeste...
Il n'attend qu'un nouveau Cromwell.

Ami, c'est ici qu'une belle
N'offre qu'une fleur d'un moment;
Tout homme s'arroge auprès d'elle
Le droit du plus discret amant.

Les caresses sont un pillage
Qui flétrit bientôt ses appas,

Les grossiers transports d'un sauvage
Qui subjugue et ne séduit pas.

Par une douce résistance
Le désir n'est point excité ;
C'est au sein de la jouissance
Qu'on trouve la satiété.

Tendres refus, charmants caprices,
Font valoir la moindre faveur :
L'amant d'un rien fait ses délices ;
Voilà le triomphe des mœurs.

A Boston, d'une beauté neuve
L'épouseur n'est point entiché ;
Ni fille, ni femme, ni veuve ;
C'est tout ce qu'on trouve au marché.

O mon pays, aimable France,
Objet de mes plus chers désirs,
Où d'accord avec l'abondance
Le goût préside à nos plaisirs !

L'égalité, cette chimère
Qu'exaltent nos fiers écrivains,
La nature que je révère
L'évite dans tous ses desseins.

La force, la valeur, l'adresse
Et le génie ont ici-bas

Sur la sottise et la faiblesse
Des droits que l'on ne prescrit pas.

O Français, l'Hudson, la Tamise,
L'Èbre, le Tibre, ni le Rhin,
N'offrent rien qui ne t'autorise
A leur préférer ton destin !

Est-il un peuple sur la terre
Plus content, plus heureux que toi ?
Ton maître n'est qu'un tendre père
Dont ton amour fait un vrai roi !

Que le sort de sa main pesante
Accumule sur moi ses traits,
Je brave sa rage impuissante,
Je suis honnête homme et Français

Entre nous, ces fameux athlètes
Que vous accablez de lauriers
Leurs vertus sont dans les gazettes
Les vices sont dans leurs foyers.

La liberté, cette pucelle
Qui fut séduite tant de fois,
Dans l'effervescence du zèle
Fait taire ici jusques aux lois.

Vous voyez leur mobile unique,
Ce vieux docteur *in partibus*,

Dont l'insidieuse rubrique
Vous échauffe de ses rébus [1].

Sur l'Amérique consternée
Plaçant le bout d'un conducteur,
De l'autre à l'Europe étonnée
Il lance le feu destructeur.

Caméléon octogénaire,
Son esprit se ploie aisément ;
De la France et de l'Angleterre
Le fourbe rit également.

La haine dont son cœur regorge
Fait qu'en ses projets inouïs
Si Louis lui répond de George,
George lui répond de Louis.

Ce Hankock [2] qu'il tient en tutelle,
Aux dehors plats, aux sens grossiers,
Peut fournir un riche modèle
A nos délicats financiers.

Franklin de l'or du fanatique
Ébaucha son hardi projet,
Et dans cette farce héroïque
Il en fit son milord Huzzet [3].

1. Allusion à Franklin.
2. Président du congrès. (M.)
3. Personnage du *Français à Londres*. (M.)

Je vois dans ce qui m'environne
De tristes sots, d'ineptes fous ;
Que l'univers me le pardonne :
Mais les bonnes gens sont chez nous.

Déjà j'entends d'un ton caustique
L'élégant Raynal crier... Foin !
Défiez-vous du satirique
Messieurs, celui-ci vient de loin.

Ah ! j'aurais dû mieux me défendre
Du vain désir d'en bien juger ;
L'aimable abbé pour en revendre
N'eut pas besoin de voyager.

Maintenant mon cœur me seconde :
Je vais peindre un vrai citoyen,
Le Fabius du nouveau monde,
Un héros, un homme de bien.

Il est d'une figure heureuse,
De beaux traits, de la dignité,
Sous une forme avantageuse
La plus noble simplicité.

Sensible, valeureux, fidèle,
Et révéré de l'ennemi ;
L'honnête homme en fait son modèle,
Et l'homme aimable son ami.

Contre l'orage qui murmure
Son courage en impose au sort;
C'est le calme d'une âme pure
Pour qui l'écueil même est un port.

J'ai vu Washington sans armée
Devant un ennemi vainqueur,
Et la cabale envenimée
Attaquer jusqu'à son honneur.

Du double coup qui le menace
Ce héros n'est point abattu,
L'Anglais respecte son audace,
L'envieux cède à sa vertu.

Il sait trop que pour entreprendre
L'art manque à ses braves enfants ;
Ce qu'il n'oserait en attendre
La constance l'obtient du temps.

Jouet du fol, trésor du sage,
O temps qui nourris notre espoir
Tu feras passer d'âge en âge
Celui qui connaît ton pouvoir!

Ici la nature économe
N'irrite point les yeux jaloux;
Elle n'a produit qu'un grand homme,
Mais il est le salut de tous.

Ami, je vais, s'il est possible,
Essayer de vous réunir :
Je ne veux plus du soin pénible
D'errer toujours sans parvenir.

J'ai foulé la terre et les ondes,
J'ai franchi vingt climats divers,
Et n'ai trouvé dans les deux mondes
Que des dupes et des pervers.

Mon front, chauve et ridé par l'âge,
Chaque jour semble m'avertir,
Qu'il faut faire un autre voyage :
Eh bien ! je suis prêt à partir.

Que la mort enlève sa proie :
Celui qui, dédaignant ses traits,
Vécut sans remords et sans joie,
Finit sans crainte et sans regrets.

BOUTADES

D'UN CITOYEN DE PARIS[1]

Destructeur de la paix publique,
Brigand ! quel instinct diabolique
Au sein de Paris t'attira ?
Ennemi du rythme gothique,
De la phrase périodique
Qu'un grand poète célébra,
Rends-nous notre chant pacifique,
Notre fredon soporifique
Et tous nos flon flon la ri ra...
Quoi donc ! le pouvoir tyrannique

---

1. Ce persiflage, dirigé contre les partisans de Piccini, Marmontel, La Harpe et autres, fut inspiré par le succès persistant et mérité de l'opéra d'*Iphigénie en Tauride,* que Gluck venait de faire représenter. « Il y a longtemps, lisons-nous dans la *Correspondance de Grimm* (au mois de mai), qu'on nous annonçait cet opéra comme le chef-d'œuvre de la musique dramatique. C'est le mardi 18 qu'on nous en a donné la première représentation ; et, en effet, quelque éclatant qu'ait été le succès des ouvrages de M. Gluck en France, il n'y en a aucun qui ait fait une impression si forte et si générale... S'il faut en croire les gluckistes, tous les trésors de l'harmonie et de la mélodie, tous les secrets de la musique dramatique ont été épuisés dans cet ouvrage ; c'est de la vraie mélopée antique, enrichie de tous les progrès que l'art a pu faire de nos jours... Nous devons avouer que ce nouvel opéra, quelle que soit

De ton déchirant opéra
Renverse en un jour tout cela ?
Quoi ! d'un théâtre léthargique
La terrible scène tragique
S'empare : on y sanglotera ?
Plus de batelage italique !
Le trône, le sceptre lyrique
Aux mains d'un tyran restera !
Entends mon vœu patriotique :
Dès que le sommeil t'atteindra,
Puisse quelque furie étique,
D'un ton traînant et syllabique,
Te crier : Qu'il meure ! il mourra,
Il a tué notre musique !
Puis, quand l'effroi t'éveillera,
Que du lit il te chassera,
Puisse la chute d'un portique

la cause de l'illusion, a paru d'un effet extraordinaire. L'action du poème est simple et pathétique, la marche en est vive et rapide, et l'ensemble du spectacle d'un intérêt soutenu. Cette musique ne charme point l'oreille, mais elle ne ralentit presque jamais l'effet de la scène. »

Métra, plus enthousiaste, ne met pas de bornes à son admiration pour Gluck. « D'après cette nouvelle production de l'homme étonnant avant lequel nous n'avions pas d'idée des effets dont la musique est susceptible, écrit-il, il est difficile de ne pas regarder le chevalier comme le plus grand peintre et le plus grand musicien qui ait existé ; j'oserais presque le mettre au rang des plus grands philosophes ; il faut une profonde connaissance du cœur humain pour savoir ainsi exprimer les passions qui l'agitent et en transmettre aussi vivement l'impression dans l'âme des spectateurs. »

Écraser ta tête rustique
Et le démon qui l'inspira !
Eh ! périsse ton style antique,
Et ta sublime poétique,
Et ton orchestre despotique,
Et ton génie, et *cætera !*

ANNIVERSAIRE

DE

L'INDEPENDANCE AMÉRICAINE[1]

INDÉPENDANCE, indépendance,
Divinité des mortels courageux !
Tu peux seule remplir leur plus douce espérance
Et des Américains combler les justes vœux.

---

1. « On a célébré le 5 du mois de juillet à Passy, dans la maison du docteur Franklin, la fête de l'anniversaire de l'indépendance de l'Amérique. Elle a été des plus brillantes. Quarante couverts, festin somptueux, force santés, musique militaire, ensuite bal, etc. ; rien n'y a manqué. On avait placé au bout de la galerie où l'on mangeait le beau portrait en pied du général Washington, que le marquis de la Fayette a rapporté de l'Amérique. La marquise, sa femme, fut l'ornement et l'héroïne, pour ainsi dire, de la fête et du festin. Le poète Hutry de la Société philanthropique de Philadelphie, qui est depuis longtemps en possession de

Accorde tes faveurs à leur haute vaillance,
A leurs mâles vertus, à leur persévérance ;
　　Viens seconder les efforts généreux
D'un prince bienfaisant, le bonheur de la France.

　　Chantons l'anniversaire heureux
De ce beau jour marqué par l'illustre alliance
Qu'admire dans son cœur l'Espagnol valeureux,
Et qu'aux siècles futurs nos arrière-neveux
Célébreront toujours avec réjouissance.

　De la fortune on connaît l'inconstance ;
Un peuple qui défend ce bien si précieux,
La liberté, plus chère encor que l'existence,
N'est point découragé par des revers fâcheux ;
Il revient aux combats et sort victorieux.

Braves Américains, la sublime prudence
Et le génie ardent de vos chefs vertueux
Briseront à jamais votre joug odieux ;

faire les honneurs des *hauts faits* des Américains, avait composé à l'occasion de cet anniversaire un *chant d'allégresse* qui fut chanté par un coryphée insurgent et dont on distribua des copies dans toute la salle. L'auteur de la musique est anonyme. Le zèle, qui peut seul justifier de pareils vers héroïques, n'a pas pu parvenir à désarmer le sarcasme toujours prêt des habitants de Versailles. Aussitôt qu'on apprit à Versailles l'historique de cette fête, à laquelle il n'assista personne de marque, excepté Mme de La Fayette, on en fit des gorges chaudes dans nos sociétés de gaieté. » (*Correspondance secrète de Métra.*)

De la postérité qu'ils reçoivent d'avance
L'hommage, la reconnaissance,
Et l'encens mérité qu'on doit aux demi-dieux.

AH!... C'EST JEANNOT [1]

Nargue de la scène tragique,
Et foin de nos meilleurs auteurs !

[1]. L'acteur Volange, plus connu sous le nom de Jeannot, qui était celui du personnage qu'il jouait au théâtre des *Variétés amusantes*, dans la pièce *les Battus paient l'amende*, obtint en peu de temps une célébrité surprenante. Grimm, bien que peu favorable aux bateleurs, consacrait à l'acteur et à la pièce une mention fort étendue dans sa *Correspondance*, au mois de juin : « Un nouveau spectacle, établi l'année dernière à la foire Saint-Laurent, vient d'attirer depuis plus de deux mois et la ville et la cour, grâce au prodigieux succès d'une espèce de proverbe dramatique dont nous sommes assez embarrassés de dire le sujet. Comment se dispenser pourtant de parler d'un ouvrage qui fait les délices de tout Paris, pour lequel on abandonne les chefs-d'œuvre de Molière et de Racine et qui, à la cent douzième représentation, est encore plus suivi qu'il ne l'était à la première ? L'objet d'un si bel enthousiasme, l'idole d'une admiration si rare et si soutenue, l'homme enfin qu'on peut appeler dans ce moment l'homme de la nation, est un certain M. *Jeannot* qui joue, il faut l'avouer, avec la plus grande vérité, le rôle d'un niais que l'on arrose d'une fenêtre comme Don Japhet d'Arménie; qui, par le conseil d'un de ses amis va faire sa plainte au clerc d'un commissaire dont il est la dupe, et qui, après

Année 1779.

> Car l'on préfère au bon comique
> Le boulevard et les farceurs.
> Ah ! Français frivoles,
> A qui l'on attache un grelot,
> Que vous êtes drôles !
> Qui fait mouvoir votre grelot ?
> Ah !... c'est Jeannot.

avoir été bien battu pour s'être avisé de vouloir se venger lui-même, est surpris dans la rue par le guet, et se trouve enfin dépouillé du peu qu'il possède ; ce qui prouve sans doute très clairement que ce sont *les battus qui paient l'amende*. Ce proverbe, qui sert de morale, à la pièce en est aussi le titre. L'auteur à qui nous sommes redevables d'une si noble production est M. Dorvigny. Sans partager la folie des transports avec lesquels on a daigné accueillir une si ridicule farce, on ne peut nier qu'il n'y ait une sorte de mérite à l'avoir faite. L'auteur a rassemblé dans le rôle de *Jeannot* plusieurs traits connus, mais vraiment comiques, et la manière dont il a su les employer laisse concevoir quelque espérance de son talent lorsqu'il voudra bien l'appliquer à des sujets moins bas. Quant à l'acteur qui l'a fait valoir avec tant de succès, il donne bien plus que des espérances. On ne peut avoir un masque plus mobile et plus vrai, des inflexions de voix plus variées et plus justes, un jeu plus simple et plus naturel, une gaieté plus franche et plus naïve. Messieurs les gentilshommes de la Chambre ont déjà fait quelques démarches pour le faire débuter sur un théâtre plus digne de sa gloire. »

Le talent de Jeannot assura son succès et sa popularité ; jamais on n'avait vu pareil engouement du public pour un bateleur. Bachaumont écrivait, à la fin de l'année 1779 : « Jeannot continue à faire les beaux jours du théâtre de Lécluse. Les directeurs sont convenus qu'il leur avait valu de quoi payer leurs dettes montant à 200,000 livres et en outre un bénéfice de plus de 300,000 livres...

« Il amuse le public non seulement en scène, mais encore dans les sociétés ; il n'est pas de bonne fête où l'on ne l'ap-

> Tel on voit le peuple idolâtre
> Oublier la sainte Sion,
> Vous abandonnez le théâtre
> De l'esprit et de la raison.
> Quelle est donc l'idole
> Du peuple frivole?
> Ah!... c'est Jeannot.

pelle et dont il ne fasse les délices. Dernièrement il a eu un petit rhume; sa porte le lendemain est devenue inaccessible par les carrosses; les femmes de qualité envoyaient savoir de ses nouvelles et les plus grands seigneurs venaient en chercher eux-mêmes. On ne sait jusqu'à quand durera ce délire. Il doit être long en ce que c'est véritablement un grand acteur, qui par son naturel exquis donne du relief aux plus grosses balourdises dans ces farces foraines; indépendamment de *Les Battus paient l'amende*, qu'on joue très fréquemment et qui sont peut-être à la deux centième représentation, il y en a plusieurs autres où il excelle même davantage, et d'autres encore où il remplit huit rôles différents.

« On a modelé *Jeannot* en porcelaine de Sèvres, et son buste de cette matière est en ce moment l'étrenne à la mode : la Reine en a pris plusieurs pour distribuer à ses favoris et favorites. »

Jeannot, que le succès rendait exigeant, ne s'entendit pas longtemps avec ses directeurs, et, au mois de février 1780, il les quitta pour aller débuter à la Comédie-Italienne où ses admirateurs le suivirent avec obstination. « Il traînait encore à sa suite, au dire de Bachaumont, toute la canaille des boulevards et de la foire. Ces bandits, furieux de se voir enlever leur idole, semblaient vouloir ravoir Jeannot et le ramener aux tréteaux. » Bien qu'il eût été accueilli avec enthousiasme par ses partisans, Volange n'obtint en somme aucun succès et, plus heureux que sage, il dut se décider, au bout de quelques mois, à revenir aux tréteaux des boulevards, où il retrouva, avec sa popularité, ses triomphes d'autrefois.

Le bon goût va faire merveille;
Molière n'est plus de saison;
Et l'on voit bâiller à Corneille [1]
Tous les gens qui sont du bon ton.
    Chefs-d'œuvre superbes!
    Ce sont des proverbes
Dont l'auteur ne serait qu'un sot,
    Sans... son Jeannot.

Désertons la scène française,
Vive Lécluse et Parizot [2]!
Et ne traitons point de fadaise
Les grands *Boulangers de Chaillot* [3].
    Ce n'est plus les drames
    Qui plaisent aux dames;
Pour les amuser il ne faut
    Qu'un... bon Jeannot.

1. « Dans le même temps où l'on voyait une si grande affluence de monde à la cent douzième représentation de *Les Battus paient l'amende,* il n'y avait pas deux loges de louées pour la première représentation de *Rome sauvée* de M. de Voltaire, et à la troisième, la salle était déserte. O Athéniens! Athéniens! » (*Correspondance de Grimm*.)
2. Directeurs des *Variétés amusantes*. (M.)
3. Pièce du répertoire brillant de ce spectacle. (M.)

LE TRIOMPHE

DU MARÉCHAL DE DURAS[1]

Enfin, vous triomphez, monsieur le maréchal,
Quel début, juste ciel, dans les champs de la gloire !
D'un triomphe si beau s'ornera votre histoire :
Peuples, chantez Duras, il a vaincu... Sainval[2].

1. Emmanuel de Durfort-Duras, qui avait fait ses premières armes sous Villars en 1734 et pris part à toutes les guerres de Louis XV, était devenu successivement pair de France, maréchal et membre de l'Académie française. En sa qualité de premier gentilhomme de la chambre du Roi, il avait dans sa juridiction le personnel de l'Opéra et du Théâtre-Français, et honorait d'une faveur toute particulière Mme Vestris, qui fut longtemps sa maîtresse.

2. « Nous venons de voir, écrivait Grimm au mois de juillet, la guerre civile éclater au sein de la Comédie-Française et nous menacer des suites les plus funestes. C'est la jalousie des grands noms de Vestris et de Sainval qui suscite ces nouveaux troubles. La dame Vestris, quoique reçue au théâtre après Mlle Sainval, mais soutenue de la protection de M. le maréchal de Duras, s'est emparée de tous les rôles qu'elle a trouvés à sa convenance, et dans l'emploi de Mlle Clairon et dans celui de Mlle Dumesnil. La demoiselle Sainval n'a cessé de protester contre cette injustice ; elle a réclamé particulièrement huit rôles que sa rivale s'était appropriés (Roxane, Hermione, Mariamne, Didon, Viriate, Zénobie, Idamé, Émilie), comme autant de rôles dépendant de son emploi, ayant été reçue pour remplacer Mlle Dumesnil, chargée anciennement de tous les rôles de reines, mères et femmes délaissées. Les plaintes

Aussi grand à Paris que terrible à la guerre,
Opprimer le mérite est votre bon plaisir;

de Mlle Sainval, adressées d'abord à M. le maréchal de Duras, furent renvoyées à l'examen de l'aréopage comique ; mais ce conseil ayant été assez maladroit pour décider la question en faveur de Mlle Sainval, M. le maréchal en fut très indigné et déclara, dit-on, assez naïvement qu'il ne croyait pas que les comédiens jugeraient comme cela, qu'ils ne pouvaient revenir sur leur signature au bas de la liste et du répertoire qu'ils avaient fait pour la Vestris, et qu'il fallait que MM. les quatre premiers gentilshommes en jugeassent. »

L'affaire en était là, lorsque la publication d'une brochure anonyme qui fut attribuée à tort à Mlle Sainval et dans laquelle cette actrice était défendue avec un zèle imprudent, tandis que l'on y maltraitait fort ses adversaires, changea brusquement les dispositions des comédiens et servit à souhait les projets de Mme Vestris et du maréchal. Aussitôt, ajoute Grimm, « quatorze membres de l'aréopage comique ont menacé de quitter le théâtre s'il ne leur était pas permis de rayer Mlle Sainval de leur tableau. Les gentilshommes de la chambre ne se sont pas contentés d'approuver cette radiation, ils ont encore fait exiler Sémiramis Sainval à trente lieues de Paris. » La brochure en question, qui avait pour titre *Lettres de Mme la comtesse de Mal.... à Mme la marquise d'A....*, était l'œuvre de Mme de Saint-Chamond, qui se déclara seule coupable, mais sans réussir à faire révoquer l'ordre d'exil. Le public, prenant fait et cause pour la victime, se chargea de la venger. « Il est assez généralement pour Sainval, remarque Métra, on la plaint, on la regrette. Malgré les sergents et les gardes répandus dans toute la salle et même placés aux portes des loges, lorsque la belle Vestris fait la reine à son aise, on se mouche, on crache, on frappe des pieds et la tranquille majesté de la princesse a bien de la peine à ne pas se déconcerter. Adieu la tragédie ! »

Plus heureuse que sa rivale, Mlle Sainval mit sa disgrâce à profit pour donner en province une série de représentations aussi brillantes que fructueuses.

C'est fort bien fait à vous : d'une ou d'autre manière,
Il faut bien quelquefois montrer qu'on sait agir.

Contemplez, ô Français, le digne successeur
De Turenne et Villars, de Berwick et Maurice ;
Le bâton glorieux, le prix de la valeur
Duras sait l'acquérir en b...... une actrice.

A l'ombre des lauriers qui ceignent votre front,
On dit que va dormir l'illustre favorite ;
Par malheur, ce repos ne saurait être long :
Vos lauriers, monseigneur, se flétrissent trop vite.

Poursuis donc, ô Duras, remplis tes grands projets,
Cacodemon rendra ta mémoire immortelle,
Et tu vas figurer dans le brillant palais
Que Voltaire décrit, chant trois de la *Pucelle*.

Qu'a donc fait la pauvre Sainval,
Pourquoi la traiter aussi mal ?
Duras la brise comme un verre.
Oh ! le grand homme en temps de paix !
Que serait-ce donc des Anglais
S'il descendait en Angleterre ?
    Leurs projets
    Sans effets
Tourneraient en eau claire,
Si Duras leur faisait la guerre.

Duras est un grand maréchal,
Duras est un grand général;
Il gouverne la Comédie,
Il plaît à la ville, à la cour;
Avec Vestris il fait l'amour,
Il a place à l'Académie.
  Tant d'exploits
  Sont, je crois,
  De bons droits
  Aux suffrages;
Il a bien du cœur à l'ouvrage.

LES DAMES

DE

LA COMÉDIE-FRANÇAISE [1]

La Vestris achète à grand prix
Les bravos de la populace;
A force d'art et de grimace
Elle fait applaudir ses cris;

---

1. Cette pièce, attribuée au marquis de Champcenetz, fut inspirée sans doute par la querelle de Mme Vestris avec Mlle Sainval, qui donna également naissance à un singulier factum, dans lequel les gens de la Comédie-Française, divisés en deux escadres, selon le parti qu'ils avaient pris

Elle ne vaut pas, à tout prendre,
Pas un sou..., pas un soupir tendre.

Sainval cadette a des talents,
Elle plaît sans aucunes ruses,
C'est la favorite des muses,
C'est la reine des sentiments ;
Mais elle emploie avec fréquence
Trop de vi..., trop de violence.

étaient censés monter des vaisseaux dont le nom avait été choisi pour former épigramme. Nous empruntons à ce pamphlet les détails relatifs aux actrices désignées dans les couplets ci-dessus.

Escadre noire portant le pavillon de la reine Vénus.

CAPITAINES.	VAISSEAUX.	NOTES.
Vestris, amiral.	Le *Duras*, vaisseau qui a plus d'apparence que de solidité.	Le maréchal duc de Duras, gentilhomme de la chambre de service, supérieur des comédiens et amant de la dame Vestris, bavard sans parole et sans fermeté.
Préville.	La *Vengeance*, bâtiment lent à la marche, mais sûr.	Bonne actrice, froide, facile à irriter et implacable.
Bellecour.	Le *Profond*, sujet aux voies d'eau.	Vieille actrice dévergondée.
Luzzy.	La *Coquette*, mal radoubée.	Cette actrice a une maladie de femme incurable.
Dugazon.	L'*Effrayante*, file quinze nœuds par heure.	Allégorie relative à son intérieur et à sa lubricité.
Suin.	La *Fatigante*, file dix-huit nœuds.	Même caractère et même tempérament.

Quand sa sœur se possède un peu,
C'est le chef-d'œuvre le plus rare ;
Mais, lorsque son esprit s'égare,

Escadre blanche portant le pavillon de la reine Melpomène.

CAPITAINES.	VAISSEAUX.	NOTES.
Sainval l'aînée.	Le *Talent*, a une superbe batterie.	La meilleure actrice actuelle, vigoureuse et dans le genre de Mlle Dumesnil.
Sainval cadette.	Le *Sensible*, bâtiment peu durable.	Cette actrice a de l'âme, mais de faibles moyens.
Doligny.	Le *Séduisant*, vaisseau à réformer.	Actrice qui a plu longtemps, sans qu'on sache trop pourquoi et sans moyens.
Fanier.	Le *Prétendant*, vaisseau qui a besoin d'un fréquent calfatage.	Actrice très affétée dans son jeu et surtout dans sa toilette.

« Du 14 septembre. — On mande que les escadres sont en présence par un assez beau temps et en fort bon état... Le *Duras,* capitaine Vestris, a donné chasse dès les premiers jours au *Talent,* capitaine Sainval l'aînée ; comme le premier avait le vent en poupe, et que ce dernier était mal approvisionné de munitions de guerre, il a été obligé de gagner le large. On ne croit pas qu'il rentre jamais dans le port et tout ce qu'on désire c'est qu'il puisse gagner quelque port neutre où il ne peut manquer d'être très bien reçu.

« Cette division a gagné la ville ; le peuple tient pour l'escadre blanche ; mais le garde-magasin des vivres et des munitions de guerre, qui est dominé par le capitaine Vestris, lui envoie sans cesse des munitions et des rafraîchissements ; il est même parvenu à faire protéger son escadre par le canon du fort, ce qui fait craindre que l'escadre blanche ne soit obligée de se rendre sans pouvoir en venir aux prises, ou de déserter pour aller servir les puissances voisines. »

D'un diable en fureur c'est le jeu.
On frémit, elle est redoutable
Comme un con..., comme un connétable[1].

Luzzy obtient avec raison
Les éloges les plus sincères;
Elle rend tous les caractères,
On l'applaudit à l'unisson.
Mais où Luzzy est précieuse,
C'est en cu..., c'est en curieuse.

Fanier, que chante maint auteur,
Inspire ce qu'ils disent d'elle ;
Toujours vive et toujours nouvelle,
De leur verve excite l'ardeur ;
Et, pour augmenter leur flamme,
Elle fou..., elle fournit l'âme.

Doligny, bravant les amours,
Plaît sans avoir fait parler d'elle;
Son cœur est pur, son âme est belle,
Elle se rit des vains discours,
En réduisant le cœur des femmes,
Ébranlant, ébranlant leurs âmes[2].

---

1. « J'ai vu jouer Mlles Sainval et Mme Vestris. Les deux premières pleuraient un peu trop constamment, mais elles me semblaient, surtout la cadette, plus tragédiennes que Mme Vestris, qui, toute belle qu'elle était, n'a jamais obtenu de grands succès, si ce n'est dans le rôle de *Gabrielle de Vergy*, où l'effet qu'elle produisait au dernier acte était déchirant. » (*Souvenirs de Mme Vigée-Lebrun*.)

2. On la dit tribade. (M.)

Préville eut d'abord du malheur,
Mais on la connut à l'usage,
Et le public qui l'encourage
Claqua, dans le *Dissipateur*,
Ce sein jadis si plein de charmes
Et si mou..., si mouillé de larmes[1].

Il reste Bellecour et Drouin,
Dont le théâtre est bientôt quitte;
Toujours déchirant le mérite,
Le public les connut enfin :
Il fut dégoûté de l'usage
De leur com..., de leur commérage.

Molé, Suin, ne croyez pas
Mériter qu'ici l'on vous chante,
Avec Dugazon l'insolente
Rampez dans le rang le plus bas.
Qu'avec Hus vous alliez, en outre,
Vous alliez... alliez, vous faire f.....

1. Elle pleure dans la pièce. (M.)

A CELLE

QUI SE RECONNAITRA[1]

Toi, la plus belle des *Didons*[2],
Chaste un peu moins que Pénélope,
Dans ce pays d'illusions

---

1. « Tel est le titre d'une épître nouvelle adressée à Mlle Raucourt. C'est un persiflage en vers où il y a de la facilité, de la saillie, une critique des mœurs du jour vraie et piquante. On l'attribue à M. Dorat. Cependant, par sa méchanceté, sa hardiesse et surtout par son genre, elle est encore plus dans la manière du marquis de Villette. » (*Mémoires de Bachaumont.*)

2. Mlle Raucourt joue le rôle de *Didon* avec succès et y a toujours brillé. (M.)

Françoise Clairien, dite Saucerote, et plus connue sous le nom de Mlle Raucourt (1753-1815), avait débuté à la Comédie-Française, le 23 septembre 1772, dans le rôle de *Didon ;* sa beauté, peut-être plus encore que son talent, excita un vif enthousiasme et pendant quatre années assura son succès. Mais les scandales de sa vie privée la firent promptement déchoir dans l'estime publique.

« On l'accuse, écrivait Grimm, au mois de mai 1775, de réunir aux goûts de son sexe tous les vices du nôtre, et la chronique scandaleuse assure que c'est à ce titre seulement qu'elle a trouvé grâce aux yeux de M. le marquis de Villette. »

Un an plus tard, ses dérèglements et les poursuites exercées contre elle par ses créanciers l'obligèrent à quitter Paris clandestinement. « Quelque subite qu'ait été cette catastrophe, remarquait Grimm, elle a causé peu de sur-

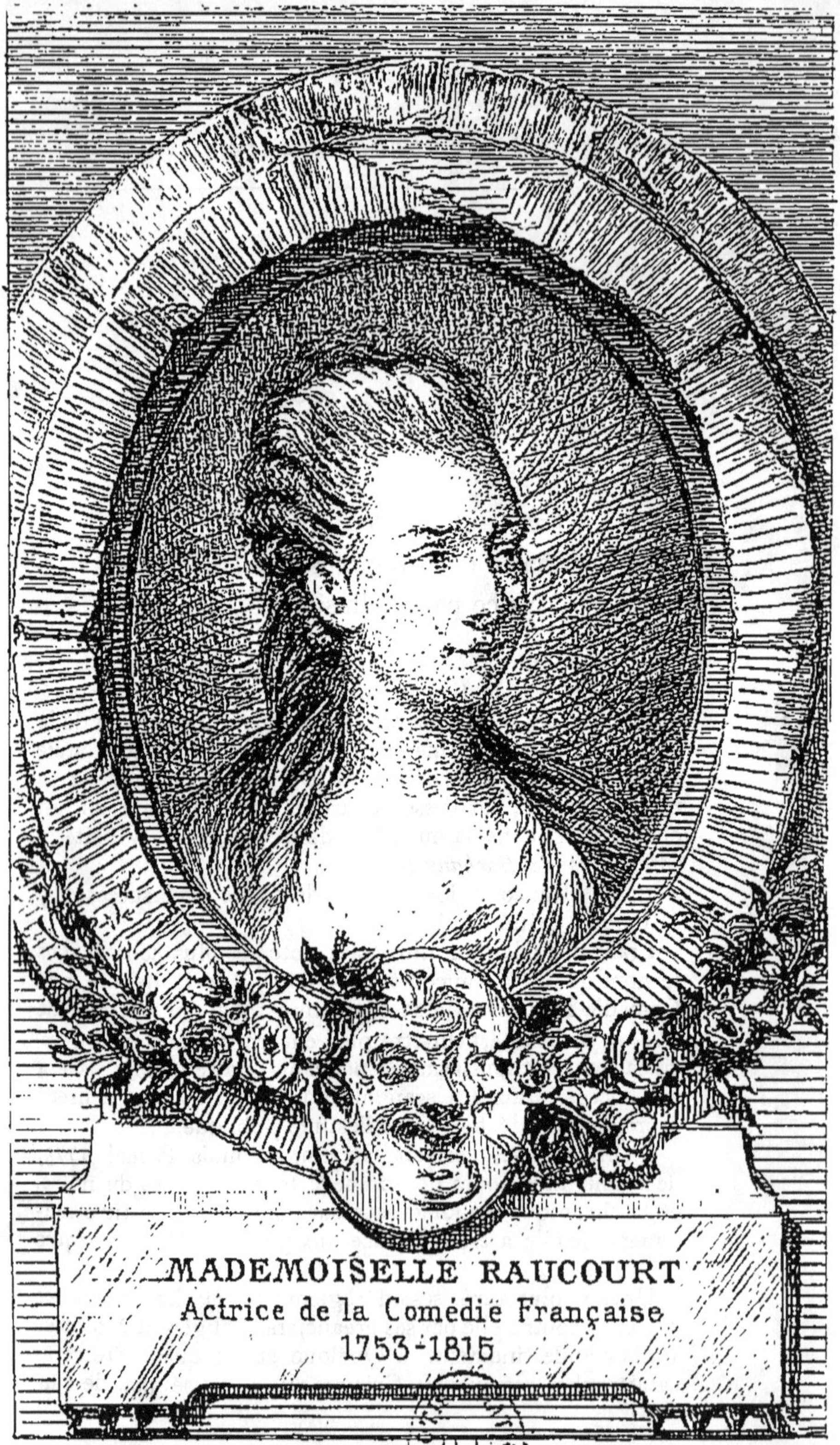
MADEMOISELLE RAUCOURT
Actrice de la Comédie Française
1753-1815

E. Rivoalen, sc. A. Quantin Imp. Edit

> Il n'est rien que nous ne fassions
> Pour fuir l'ennui qui nous galope.
> Plumes en l'air, nez en avant,
> On court, grimpé sur la chimère,

prise. Après avoir fait à son début les délices et l'admiration de tout Paris, Mlle Raucourt était parvenue à se faire huer sur la scène et à scandaliser les personnes même les moins susceptibles de scandale. Jamais idole ne fut encensée avec plus d'ivresse, jamais idole ne fut brisée avec plus de mépris. Il faut rendre justice à toutes sortes de talents : elle a eu celui d'étonner en peu de mois la ville et la cour par l'excès de ses dérèglements, comme par les rares prodiges de son innocence. Avec mille écus de rente, elle a trouvé moyen, depuis quatre ans qu'elle était à la Comédie, de faire pour plus de cent mille écus de dettes. Quoique plusieurs grandes dames payassent assez cher la curiosité qu'elles avaient eue de connaître les secrets de cette jeune prêtresse de Lesbos, leurs offrandes étaient loin de suffire à la dépense qu'exigeaient son culte et ses fantaisies. Elle avait dix ou douze chevaux dans son écurie, deux ou trois petites maisons, une quinzaine de domestiques choisis avec beaucoup de recherche et une garde-robe des plus riches pour femme et pour homme. Aussi disait-elle souvent, à propos des embarras qui l'ont forcée de s'éloigner de Paris, qu'elle ne s'étonnait plus que les femmes ruinassent tous nos jeunes gens, et que sa propre expérience lui avait trop bien appris que c'était de tous les goûts du monde le plus ruineux. Il est vrai que parmi les plus illustres roués, il n'y en avait peut-être aucun qui entretînt autant de sultanes et qui en changeât aussi souvent qu'elle. Dans ce genre de gloire, on peut dire qu'elle ne le céda guère aux plus grands hommes de l'antiquité et mérita souvent le double myrte que la flatterie crut devoir mêler aux lauriers du héros qui vainquit Rome et Pompée... Quoique sa mauvaise conduite eût influé sur ses talents, quoique, loin de faire aucun progrès dans son art, elle se fût négligée au point d'oublier même ses premières études, on ne peut s'empê-

> Vers le plaisir qui fuit d'autant ;
> On aime, on plaît à sa manière :
> Le plus sage tourne à tout vent,
> L'un atteint l'amour par devant,

cher de regretter les superbes dispositions que la nature lui avait prodiguées, la beauté la plus théâtrale qu'on eût vue depuis longtemps, l'organe le plus sonore, une mémoire étonnante, et cette intelligence facile qui souvent lui faisait deviner sans effort ce qu'on aurait été tenté de prendre pour le résultat d'une réflexion suivie et qui ne pouvait être chez elle que l'aperçu d'un instinct heureux. »

Mlle Raucourt resta trois ans absente de Paris. Au moment de sa fuite elle avait été rayée, par ordre supérieur, du tableau de la Comédie-Française ; mais en 1779, grâce à l'amitié de Sophie Arnould et à la protection du prince d'Hénin, elle obtint de rentrer au théâtre. Les comédiens, qui avaient protesté contre son retour et qui avaient même éludé la protection de la Reine en lui représentant l'inconduite et le libertinage de l'actrice, durent s'incliner devant un ordre formel du Roi. Elle reparut dans *Didon,* avec de grands applaudissements, dus surtout à la présence de ses amies ; mais le public prit sa revanche lorsqu'elle joua *Phèdre.* « On lui fit les applications de tous les endroits de son rôle qui pouvaient y prêter le moins. Elle n'en joua pas mieux, mais elle soutint l'orage avec une fermeté merveilleuse. Ayant été fort huée pour avoir dit avec beaucoup d'emphase :

> Je sais mes perfidies,
> Œnone, et ne suis point de ces femmes hardies
> Qui, goûtant dans le crime une tranquille paix,
> Ont su se faire un front qui ne rougit jamais......,

« Regardant le parterre avec indignation, elle reprit tout le morceau et le redit d'un ton encore plus mâle, encore plus assuré. Si ce n'est pas du talent, n'est-ce pas là du caractère, et *la cocarde d'un franc dragon sur l'oreille de Melpomène ?* » (*Correspondance de Grimm.*)

L'autre l'attrape par derrière.
Le caprice est ce qui nous meut ;
Le diable emporte les scrupules.
Enfin on fait du pis qu'on peut :
Tout le monde a des ridicules,
Mais n'a pas des vices qui veut.
Du tien ne va pas te défaire :
Dans la Grèce on en faisait cas,
Et sur le vice on sait, ma chère,
Que les Grecs étaient délicats ;
Dans Rome encore, ville exemplaire,
Messaline, Actée ou Glycère
Ne t'auraient pas cédé le pas.
Jours de débauche et de lumière,
Beaux jours de la corruption,
Les petits soupers de Néron
Auraient bien été ton affaire :
Là nul censeur contredisant,
Jeunes bacchantes très humaines,
Au corps souple, au geste agaçant,
Auraient imité tes fredaines
Et su provoquer ton talent.
Saint Jérôme cite souvent
Le tempérament des Romaines ;
Quoi qu'il en soit, au gré du tien,
Éduque nos Parisiennes ;
Il est des excès qu'en tout bien
Il faudra que tu leur apprennes.
Ceignant le pampre et le laurier,
N'obéis qu'à ta fantaisie,

Garde ton essor cavalier
Et ton audace, et ton génie,
Et cet amour peu familier,
Dont le costume irrégulier
Tente la bonne compagnie.
Monte le matin un coursier
D'Angleterre ou d'Andalousie;
Aime le soir Souck et Julie[1];
Le lendemain, viens larmoyer
Tenant l'urne de Cornélie.
Le parterre a beau guerroyer,
Laisse à tes pieds siffler l'envie ;
Tout va, tout prend, tout nous est bon,
Nous aimons à voir une reine
En pet-en-l'air, en court jupon,
Beaucoup plus lascive que vaine,
Faire de myrte une moisson,
De ses bras lier sa Climène,
Et mettre sans tant de façon
La cocarde du fier dragon
Sur l'oreille de Melpomène.
Va, dans ce siècle de bon ton
Les mœurs sont une singerie,
Les préjugés une chanson,
Et la sagesse une folie.
Nous sommes libertins à fond,
Par nous tu dois être accueillie.
L'oubli joyeux de la raison

1. Deux fameuses tribades entre nos courtisanes. (M.)

Est un don du ciel qu'on t'envie;
Nargue les sots, cède à tes goûts,
Donne aux femmes des rendez-vous,
Parle aux hommes philosophie,
N'en aime aucun, trompe-les tous,
Sois gaie, insolente et jolie ;
Sur la scène, avec énergie,
Prends le sceptre, règne sur nous;
Tiens le thyrse dans une orgie,
Et tu n'auras que des jaloux.

LA PRISE DE GRENADE [1]

Foin de votre portier maussade !
Brave d'Estaing, je crois qu'il faut
Dans votre hôtel entrer d'assaut,
Ainsi que vous à la Grenade.

1. « Un sieur Pariseau, directeur des élèves de l'Opéra, acteur et auteur de ce théâtre, avait composé une pièce intitulée *Veni, Vidi, Vici* ou *la Prise de Grenade*. C'est une imitation suivie de cette conquête où figure M. d'Estaing. Quand il a su que ce général revenait, il a suspendu pour ne remettre sa pièce qu'à son arrivée, dans l'espoir qu'il l'honorerait de sa présence et y donnerait un véhicule extraordinaire. Malheureusement le vice-amiral, mécontent de la fin de sa campagne, ne veut pas se montrer en public ni même rester à Paris. Il s'est retiré à Passy, et son état

Je suis jaloux de voir vos traits ;
J'accours en hâte, et l'on me chasse.
Les Anglais vous ont vu de près,
Accordez-moi la même grâce.
C'est moi, qui tous les jours du mois,
Auteur, acteur tout à la fois,
Aux yeux des dames amusées
Mets la Grenade sous mes lois,
Avec du guet et des fusées.
Nous recueillons pareillement
Un très juste tribut d'éloges,
Nous avons l'applaudissement
Vous de l'Europe et moi des loges ;
Ainsi donc daignez recevoir
Mon faible, mais sincère hommage :
Daignez consentir à me voir ;
Car enfin je voudrais savoir
Comment j'ai saisi votre image.
Si l'on attaque mon maintien

d'ailleurs ne lui permettrait pas de venir à ce spectacle forain. Le sieur Pariseau, comme de raison, n'a pas moins cru devoir aller rendre ses hommages au comte d'Estaing et lui demander son agrément pour le mettre ainsi en scène, car il faut savoir que c'est lui qui joue le rôle du général. Il n'a pu parvenir jusqu'à lui et a fait à cette occasion ces vers qui valent mieux que son drame héroïque.» (*Mémoires de Bachaumont.*)

Pariseau ne pouvait manquer de trouver des imitateurs. « Jamais conquête, remarque Grimm, n'a été plus célébrée que la prise de Grenade ne l'a été sur tous les théâtres des boulevards et du bois de Boulogne, spectacles devenus fort à la mode. »

Et le langage de mon zèle,
Votre copiste est infidèle;
C'est ma faute, car je sais bien
Que rien ne manque à mon modèle.

ÉPIGRAMMES DIVERSES

SUR LE DUC DE CHARTRES

Chartres, au bal par Genlis escorté,
De cent Phrynés de Paris, de province,
Faisait la ronde ; épris d'une, enchanté,
Genlis s'écrie, il y conduit le prince,
Qui l'envisage et répond froidement :
Beauté passée ! — A ces mots enflammée :
Oui, Monseigneur, dit-elle vivement,
Elle eut l'éclat de votre renommée[1].

---

1. Le mot était authentique; les *Mémoires de Bachaumont* le constatent : « A un bal de l'Opéra où le duc de Chartres faisait la revue des femmes avec M. de Genlis, ce dernier lui en fit remarquer une qui le frappa par la figure; le prince la regarda sous le nez et dit : Ah ! c'est une beauté passée. — Monseigneur, lui répliqua la dame piquée, c'est comme votre renommée. »

SUR LE COMTE D'ORVILLIERS[1]

Vous entendez toujours la messe,
Et n'entendez jamais raison ;
On vous voit aller à confesse
Quand il faut tirer le canon :
Grand dévot n'est qu'un petit homme ;
Quittez vos profanes desseins,
Aujourd'hui que chacun vous nomme
Vice-amiral des capucins.

SUR LE PRINCE D'HÉNIN[2]

Depuis qu'auprès de ta catin
Tu fais un rôle des plus minces,
Tu n'es plus le Prince d'Hénin,
Mais seulement le Nain des Princes.

---

1. « Les badauds de Paris, qui admirent et dépriment sur parole et sans savoir pourquoi, s'étaient imaginé que le comte d'Orvilliers allait conquérir l'Angleterre ; aujourd'hui, avant de connaître les raisons des excuses qu'il peut alléguer, ils font des épigrammes contre lui. En voilà une qui roule sur la qualité de dévot qu'a depuis longtemps ce général. » (*Mémoires de Bachaumont.*)

2. L'auteur de ce quatrain, Champcenetz, fut exilé à la requête du prince d'Hénin.

SUR MARMONTEL[1]

Ce Marmontel si gros, si long, si lent, si lourd,
    Qui ne déclame pas, mais beugle,
    Juge de peinture en aveugle
    Et de musique comme un sourd.
      Ce pédant à fâcheuse mine,
      De ridicule tout bardé,
Dit qu'il a pour les vers le secret de Racine ;
Jamais secret ne fut à coup sûr mieux gardé.

SUR DUCIS[2]

    Le fauteuil à Ducis ?
    Eh ! oui : l'Académie

1. L'abbé Arnaud, « le prôneur du chevalier Gluck », fort maltraité dans le poème de Marmontel sur la *Musique,* se vengea par cette épigramme. Si Marmontel ne riposta pas sur le coup, l'abbé, comme on le verra plus loin, ne perdit rien pour attendre.
2. Jean-François Ducis, poète français (1783-1816), avait obtenu de brillants succès au théâtre avec *Hamlet, Roméo et Juliette* et *Œdipe chez Admète,* lorsqu'il fut appelé à remplacer Voltaire à l'Académie française. Il fut reçu en mars 1779, au milieu d'une affluence prodigieuse, et son discours de réception, consacré tout entier à l'éloge de son prédécesseur, fut unanimement admiré ; il est bon d'ajouter, d'ailleurs, qu'il avait été composé par Thomas.

Veut donner son *gratis*
Comme la Comédie.

SUR MADEMOISELLE GUIMARD

C'est Guimard qu'on vient d'élire
Trésorière à l'Opéra :
On a raison, car elle a
La plus grande tirelire[1].

1. A l'occasion de l'heureux accouchement de la Reine, les comédiens français s'étaient engagés à donner trente louis à la première fille pauvre à marier qui leur serait désignée par le bureau de la Ville et à faire les frais de la noce et du banquet. La demoiselle Guimard, nommée trésorière à l'Opéra, devait être chargée de garder provisoirement la dot, ce qui lui valut cette épigramme.

ANNÉE 1780

ÉPITRE

A

MADEMOISELLE GIRARDIN [1]

Quels accords ravissants et quelle mélodie !
Suis-je dans le palais du dieu de l'harmonie ?
J'entends, je suis ravi des sons les plus brillants.
Girardin, jeune encore, aux plus tendres accents
Unit l'expression, le goût et la finesse,

---

1. Mlle Girardin avait débuté à l'Opéra, le 8 juillet 1779, avec un demi-succès, ainsi que le constataient les *Mémoires de Bachaumont*. « Une nouvelle débutante a chanté une ariette dans laquelle on a admiré la justesse et la légèreté de sa voix. Ce sera une très jolie cantatrice ; mais comme elle n'a ni énergie ni étendue, on doute qu'elle puisse jamais être actrice. » Mais le public ne tarda pas à revenir de cette opinion, et un mois ne s'était pas écoulé que l'actrice avait déjà conquis une place brillante sur la scène lyrique. « Mlle Girardin, dont on a an-

Un organe enchanteur, une exacte justesse,
Les tons touchants du cœur, la voix du sentiment,
Et des secrets de l'art tout le raffinement.
Simple et tendre en son chant, dans une pastorale,
Où trouver son émule et bien moins sa rivale ?
Pathétique à propos dans le récitatif,
Touchante jusqu'aux pleurs dans un amour plaintif,
Dans le genre élevé, majestueuse et fière,
Sévère, impétueuse au feu de la colère,
Brillante dans les airs qu'inspire la gaîté,
Et toujours asservie au point de vérité.
Poursuis, enfant gâté d'Euterpe et de Thalie,
Développe ton âme, échauffe ton génie,
Médite, approfondis, l'art n'est jamais borné ;
Mais malgré tes succès, avec sécurité
Ne te repose pas sur de nombreux suffrages.
Sans doute l'on te doit un tribut, des hommages ;
Cependant pour aller à la perfection,
Il faut des soins constants, de l'obstination,
Dire, redire encor dix fois un seul passage ;
Il est des tours ingrats, dont le ton, l'assemblage

noncé le début à l'Opéra comme cantatrice, n'a pas tardé à y être employée comme actrice, et, quoique l'on dût craindre qu'elle ne fût très gauche dans le rôle d'*Aline* qu'elle a rempli dès le dimanche 18, elle y a eu un succès décidé, malgré les défauts inséparables de cette distinction prématurée. Enfin, le dimanche 25, elle a chanté celui d'*Angélique* dans le *Roland* de M. Piccini. Il est sans exemple, à ce théâtre, qu'une débutante ait dans un espace de temps aussi court, et sans plus d'épreuves et d'exercices, fait deux premiers personnages. On l'a goûtée encore davantage dans le dernier. »

Exigent plus d'étude et de réflexion;
Tant d'art ne semble pas le fruit de ton jeune âge,
Mais sur toi la nature a versé ses bienfaits;
Jouis de tous ses dons, augmente tes succès.
Ravis l'âme et l'esprit, enchante notre oreille,
Et sois à dix-sept ans des talents la merveille.

AUX ANGLAIS[1]

Le tour n'est pas maladroit,
   Messieurs d'Angleterre;
Vous visitez le détroit
   Au sein de la guerre;

---

1. Au commencement de l'année, la guerre maritime inspirait de sérieuses inquiétudes. Hardy notait dans son *Journal*, au mois d'avril : « Je ne sais lequel du comte d'Estaing ou du comte Duchaffault commandera dans la Manche ; mais je suis bien sûr que l'amiral Hardy ou l'amiral Keppel commanderont, donnant à entendre que le pavillon anglais triompherait cette année du pavillon français, ce qu'on devait effectivement redouter, d'autant plus que nos retards multipliés à nous réunir aux Espagnols ne mettaient que trop nos ennemis à portée de nous prévenir en s'emparant les premiers de la mer et venant croiser dans les environs des ports de Brest, Cherbourg et Granville pour empêcher que rien ne pût y entrer ni en sortir et se trouver en même temps à même d'intercepter les bâtiments qui viendraient dans ces parages. »
Les rumeurs les plus contradictoires circulaient d'ail-

Tandis que votre ennemi
Dans le port reste endormi ;
La belle manœuvre, ô gué,
La belle manœuvre !

Malgré nos mille canons,
Et notre marine,

leurs relativement aux intentions des ennemis. « Le bruit se répandait que les Anglais faisaient actuellement des propositions de paix, ce qui donnait soi-disant lieu à une espèce de négociation et paraissait suspendre un peu l'activité des préparatifs et des dispositions pour la prochaine campagne ; quoiqu'on eût encore entendu parler depuis peu d'un nouveau projet de descente dans les Iles Britanniques, qui n'avait peut-être pas plus de consistance que celui qu'on avait vu avorter en 1779 dans des circonstances où l'on eût pu s'en promettre quelque succès. Les politiques ne regardaient pas encore comme chose fort avantageuse que les propositions de nos ennemis fussent écoutées, parce qu'ils craignaient qu'on n'accédât à des conditions aussi peu honorables pour la nation que celles souscrites et agréées en 1763, si l'on terminait la guerre avant d'avoir fait éprouver à ces fiers insulaires quelque échec capable de terrasser leur orgueil et de mettre des bornes à l'injustice de leurs prétentions. »

Cependant à la fin du même mois les hostilités semblaient sur le point de recommencer. « L'amiral Hardy avait reçu contre-ordre de se mettre en mer, de peur qu'il ne vînt à faire la rencontre de notre escadre commandée par M. le comte Duchaffault..... M. le comte d'Estaing, vice-amiral de France, allait incessamment partir, s'il n'était déjà parti, pour se rendre à Toulon et y prendre un certain nombre de vaisseaux avec lesquels il devait aller soi-disant se réunir à d'autres dans le port de Brest, pour du tout former une flotte dont le commandement lui était confié et avec laquelle il doit croiser dans la Manche. »

A nous mettre à la raison
   Le sort vous destine;
Neptune vous a promis
D'être à vos ordres soumis,
Fortuné présage, ô gué,
   Fortuné présage!

Vous avez des amiraux
   D'un fier caractère,
Que récompense en héros
   Un peuple sévère;
Mais lorsqu'ils font un faux pas,
Vous mettez leur tête à bas;
Bonne politique, ô gué,
   Bonne politique!

Chez nous, ce n'est pas égal;
   L'usage est notoire;
Qui ne fait ni bien ni mal
   Se couvre de gloire;
D'Estaing s'est sacrifié,
On dit qu'il est oublié :
Quelle différence, ô gué,
   Quelle différence!

Nous partirons au printemps
   D'une humeur guerrière,
Pour revenir triomphants,
   A notre ordinaire :
Sur le rivage anglican

Nous irons voir l'Océan :
Belle promenade, ô gué,
　Belle promenade !

Rien ne manque cependant
　Pour une victoire ;
Le Français, noble et vaillant,
　Aspire à la gloire :
Il appelle les combats,
Mais les chefs n'en veulent pas.
Voilà le mystère, ô gué,
　Voilà le mystère !

Si je savais deviner,
　Je pourrais vous dire
Si l'Anglais doit dominer,
　S'il aura l'empire ;
Mais nous, si nous triomphons,
A bon droit nous chanterons
La bonne aventure, ô gué,
　La bonne aventure !

EXTRAIT

DE

LA BOITE DE PANDORE[1]

De ton lascif tempérament
Dont tu ne fus jamais maîtresse,
Lorsque tu fuis l'emportement,
Tu feins qu'un excès de tendresse,
Subjuguant ta délicatesse,
Te fait céder au sentiment.
Ce jargon rempli d'artifice
Pour séduire est trop apprêté :
Connais ton cœur, rends-lui justice ;
Vieilli sous l'empire du vice,
Trop usé pour la volupté,
Il n'a plus que ce goût factice

---

1. Cette pièce qui a pour sous-titre : *Portrait au naturel de la décrépite comtesse de B...*, doit s'appliquer à la comtesse de Boufflers dont il a été plusieurs fois question dans les chansons du règne de Louis XV. — « Cette vapeur de la boîte de Pandore est un peu méchante; mais aux grands maux il faut de grands remèdes; où les calmants ne sont rien, je tiens, moi, qu'il faut appliquer les caustiques. Sa satire, l'épigramme bien aiguë et le déchirant sarcasme sont les extirpateurs du vice moral, comme le vitriol l'est du vice physique. Ne pas les employer, c'est ménager le malade et rendre son mal incurable. » (*Correspondante secrète de Métra.*)

Que produit la lubricité.
Sur tes sens, la force invincible,
Que tes ans semblent démentir,
Par les efforts d'un art pénible,
Te prête encore un air sensible,
A l'âge où vient le repentir.
Mais quand, au milieu d'une orgie,
Tes cyniques convulsions,
Tableau raccourci de ta vie,
Peignent en traits pleins d'infamie
L'abus honteux des passions,
Qu'un souffle impur de ton haleine,
Corrompant l'air de ce festin,
Répand par sa vapeur malsaine
L'odeur du v.... et du vin ;
Que par un regard clandestin,
Lancé de ta droite à ta gauche,
Ton œil provoque à la débauche
Le vis-à-vis et le voisin,
Tu triomphes de Messaline
Et des bacchantes tour à tour,
Et crapuleuse libertine
Tes excès, empreints sur ta mine,
Font rougir Bacchus et l'Amour.

NECKER ET SARTINE[1]

Dans le pays des perfidies,
Dans le séjour si renommé
Pour les horreurs et la folie,
On vit hier la Vérité
Se présenter en cul-de-lampe.
Heureuse encor quand elle peut
Se faire voir dans une estampe,
Même au monarque qui la veut.
Elle arriva, c'était au jeu,
Portée par qui? Lecteur, devine :
Ce n'était par mons de Sartine
Ni par l'ami du franc-alleu... [2]
Ni Maurepas, ni de Vergennes.
Par Amelot? Assurément
En pourrait-il prendre la peine?
Par Montbarrey?... Toujours il ment.
Ce n'était pas par un dévot
Ni par un personnage grave,
Mais par un évêque, en un mot.

1. « Il paraît une estampe représentant M. Necker fouillant dans la fange et dans le ruisseau avec un bâton. Il en fait sortir des écus; à côté est M. de Sartine, qui les ramasse pour en faire des ricochets sur l'eau à la manière des enfants. L'apologue s'explique sans commentaire. » (*Correspondance secrète de Métra.*)

2. M. Necker. (M)

Il n'est ni Français, ni Batave,
Ni chrétien, ni musulman,
Ni jésuite, ni protestant,
Portant de Rome la barette [1],
Ne croyant point en Jésus-Christ,
Pas mieux à la vertu des dames,
De notre siècle l'Antéchrist,
L'anticonvertisseur des dames,
Enfin un prince dont le siège
Est plus éloigné de Liège
Que l'espion de Phalsbourg,
Richard, n'était de Strasbourg.
L'estampe représentait
Monsieur Necker grattant la boue;
De cette boue il provenait
De gros écus faisant la roue;
L'adroit Sartine les prenant
En jouait sur la rivière
Aux ricochets comme un enfant;
La boue est la gent financière [2]
Que dégraissait le directeur.
La rivière, ami lecteur,
C'était la mer qui nous dévore.

1. Il manque ici un vers qui ne figure pas dans les Recueils.
2. Deux réformes importantes opérées par Necker au commencement de 1780, avaient atteint directement les financiers : la réduction du nombre des fermiers généraux (janvier) et celle des receveurs généraux (avril).

LES AMOURS DE CARLINE[1]

Belle Carline,
Dans *Nicaise* on vous a sifflé,
On vous aurait plu davantage,
Si dans *Nicaise* on eût claqué,
Belle Carline.

Belle Carline,
Consolez-vous, votre Fronsac
Ne claquera plus Adeline,
Il ne videra plus son sac
Que pour Carline.

1. « Nous avons à la Comédie-Italienne une jeune actrice que bien des gens trouvent jolie et surtout le duc de F.... qui lui a sacrifié Mlle Adeline, cousine de la fameuse Du Thé. Celle-ci a été obligée de céder à la fois à sa rivale le lit, le soi-disant cœur et la bourse de son amant, et un rôle dans lequel elle était aimée du public. Carline, c'est le nom de la nouvelle maîtresse du duc, fut horriblement huée la première fois qu'elle remplaça Adeline dans le rôle en question. Cette chanson courut toute la salle et le duc de F... soupant avec sa femme chez le maréchal de R... son père, en fut régalé au dessert. » (*Correspondance secrète de Métra.*)

La dernière indication donnée par ce commentaire permet de reconnaître le personnage, qui n'était désigné dans la chanson que par la lettre initiale de son nom ; il s'agit ici du duc de Fronsac, fils du maréchal de Richelieu.

Gente Carline,
On n'a pas toujours ici-bas
De l'esprit et jolie mine.
Il vaut bien mieux avoir en bas...
Gente Carline.

Belle Carline,
Thalie vous a délaissée,
Pourvu que Fronsac vous protège,
Le public ira vous claquer,
Dans la cuisine.

L'ABBÉ FATRAS[1]

L'ABBÉ Fatras
De Carpentras
Demande un bénéfice.
Il en aura,

---

1. On lit dans la *Correspondance secrète de Métra*, au mois de juin : « Vous vous rappelez les disputes bénignes qui se sont élevées, il y a quelques années, entre plusieurs membres de notre auguste Académie. Les gentillesses qu'ils se sont réciproquement adressées n'ont pas peu contribué à relever l'honneur de ce corps. En mettant le public dans leurs secrets respectifs, ils nous ont mis à portée d'apprécier leur mérite. Comme les philosophes ont de la rancune, cela n'est pas fini, et parfaitement d'accord contre

Car l'Opéra
Lui tient lieu de l'office,
Monsieur d'Autun[1],
Qu'il en ait un !
C'est un devoir
De le pourvoir :
On veut le voir
Venir le soir,
Précédé de sa crosse,
Et le matin,
Chez sa catin
Arriver en carosse.
Pour *Armide* il a tant trotté[2],
Pour *Alceste* il s'est tant crotté,
Que c'est pitié
De voir à pied
Ce grand apôtre de coulisse,
Tout comme un sergent de milice.

les profanes, ils guettent toujours l'occasion de se déchirer entre eux. Marmontel, ayant appris que l'abbé Arnaud sollicitait une abbaye, s'est souvenu qu'il était vis-à-vis de lui en reste d'une chanson, et voilà celle dont il l'a régalé. » Bien que Grimm rapporte que l'on attribuait cette chanson à Collé, et qu'elle pouvait bien être de l'abbé Morellet, l'assertion de Métra, relativement à Marmontel, paraît beaucoup plus fondée.

1. L'évêque d'Autun, M. de Marbeuf, était alors chargé de la feuille des bénéfices.
2. On l'appelle le *Galopin de Gluck*. (M.)

LES VERTUS

DU

CARDINAL DE ROHAN [1]

Pour nous prodiguer ses soins,
Malgré sa haute naissance,
Du détail de nos besoins
Lui-même prend connaissance;
Chantons, chantons tous en chœur
Ce dieu de la bienfaisance;
   Chantons, chantons en chœur,
Les vertus de Monseigneur.

Venez nous voir tous heureux
Et recevez notre hommage,
Que votre cœur généreux

---

1. Le cardinal de Rohan, qui devait être rendu tristement célèbre par le fameux *procès du Collier,* avait provoqué et activement préparé le transfert des Quinze-Vingts des bâtiments délabrés de la rue Saint-Honoré dans ceux qu'il avait fait spécialement construire pour cet hospice dans le faubourg Saint-Antoine. On lit à ce propos dans la *Correspondance secrète* de Métra : « La translation des Quinze-Vingts de la rue Saint-Honoré dans le faubourg Saint-Antoine, à l'ancien hôtel des mousquetaires noirs, est enfin consommée. M. le cardinal de Rohan, en sa qualité de premier aumônier, supérieur de cette maison, est allé, le 21 juillet, vérifier si tous les arrangements étaient faits.

Jouisse de son ouvrage;
Chantons, chantons tous en chœur,
Et chantons, de grand courage;
   Chantons, chantons en chœur
Les bontés de Monseigneur.

Nos âmes, par vos bienfaits,
Vont se trouver consolées
Et se fermer aux regrets
De nos tristes destinées;
Chantons, chantons tous en chœur,
Des heures si fortunées;
   Chantons, chantons en chœur
Les bienfaits de Monseigneur.

Sa touchante humanité,
En soulageant nos misères,
Nous rappelle avec bonté
Que tous les hommes sont frères;
Chantons, chantons tous en chœur,
Ces vertus douces et chères;
   Chantons, chantons en chœur
Vive à jamais Monseigneur!

Après la visite, le prince a trouvé la première cour illuminée, où il a été reçu par le corps des officiers capitulants et le doyen, qui lui ont adressé les remerciements de la maison avec des cris de *Vive le Roi*. Ce qui a été suivi d'un concert d'aveugles et de couplets remarquables par la circonstance et par les acteurs. »

ÉLOGE DU DUC D'ORLÉANS[1]

Tous les ans, quand vient la moisson,
A fêter Louis on s'apprête.
Monseigneur, que cette saison
Est bien faite pour votre fête !
Quand l'humanité s'applaudit
Des faveurs que Cérès dispense,
C'est l'instant où la raison dit
Qu'on doit fêter la bienfaisance.

Né proche de la majesté,
Par votre sang on vous honore,
Vous avez de plus la bonté ;
On vous chérit, on vous adore.
Ce n'est point la voix du flatteur
Qui, par intérêt, vous encense ;
C'est le pur langage du cœur
Et la voix de toute la France.

Vivez, prince, vivez longtemps ;
C'est un vœu public et sincère :
Nous sommes de tendres enfants,

---

1. Ces couplets furent composés, dans une fête donnée au Raincy, par une très aimable et très jolie femme de la société de Mme de Montesson. (M.)

Qui, tous, le formons pour un père.
Quel prix pour nous ont vos faveurs !
Nos bouches ne peuvent le dire ;
Le sentiment presse nos cœurs,
Sur nos lèvres la voix expire.

PANÉGYRIQUE DE NECKER [1]

Généreux étranger dont le vaste génie,
Suivant dans ton effort ta noble ambition,
Se consacre à l'honneur de servir ma patrie,
Je te dois mon respect, mon admiration.

Dans ces temps malheureux, plus d'un ministre en France
Abusant des moyens, osa dans ton emploi
Bouleverser l'État, épuiser la finance ;
Mais ces maux, grâce au ciel, sont réparés par toi.

Louis, qui t'appela pour seconder ses vues,
Charmé de tes succès, de son choix s'applaudit.
Le Français, l'étranger, t'exaltent jusqu'aux nues,
L'un t'offre sa fortune, et l'autre son crédit.

1. Ces vers furent adressés à Necker par M. de Ferney, auteur d'un mémoire sur l'*Utilité d'un dénombrement général en France et sur la manière de l'exécuter avec succès et sans frais*.

On doit à ta conduite un suffrage unanime :
Qu'importe le dépit du traitant qui s'en plaint !
Déjà des nations tu captives l'estime ;
L'Anglais même te loue : il fait plus, il te craint [1].

Si de nouveaux impôts tu t'interdis l'usage
Pour braver sur les mers un rival furieux,
La glorieuse paix qui sera ton ouvrage [2]
Nous rendra tes travaux encor plus précieux.

En ressources fécond, mais toujours équitable,
Tu fais revivre l'ordre et la prospérité ;
Des Sully, des Colbert, émule infatigable,
Tu t'élèves comme eux à l'immortalité.

Malgré tous tes succès on aspire à ta place,
L'intrigue et la cabale espèrent sans pudeur
Entrer dans la carrière, en effacer ta trace,
Et cherchent la fortune où tu trouves l'honneur.

Qu'ai-je dit ! Pourrait-on, malgré l'expérience,
Admettre encor quelqu'un de ces ambitieux,
Dissipateurs légers, ministres vicieux,
Qui ne manqueraient pas de ruiner la France !

---

1. Voyez les discours de lord Richmond à la Chambre des Pairs. Il y dit à peu près : *Ce ne sont pas les armes des Français qu'il faut craindre ; c'est la sagesse de leur administration actuelle et les ressources inépuisables de leur ministre, M. Necker.* (M.)

2. L'événement a justifié cette prédiction. (M.)

Réduite à la merci de son déprédateur,
Que deviendrait alors ma patrie épuisée?
Je verrais compromis son crédit, son honneur!
Ce funeste avenir contriste ma pensée.

Mais quand la vertu seule au prince a droit de plaire,
Tous tes rivaux en vain poursuivront leur objet;
Confonds-les par le bien qu'il te reste à nous faire;
Sûr de l'aveu du maître, accomplis ton projet.

PARALLÈLE

DES DUCHESSES

DE COSSÉ ET DE BRANCAS[1]

Lorsque de Dieu la main féconde
Tira l'univers du chaos,
Il prescrivit pour règle au monde
Le mouvement et le repos.

Cossé, Brancas, par caractère,
Offrent ce contraste frappant;

---

1. Cet ingénieux parallèle, qui fut composé à Contrexéville, était, d'après Métra, l'œuvre « d'un M. Cérutti, qui

L'une est le repos de la terre,
Et l'autre en est le mouvement.

Cossé ne peut tenir en place,
Et Brancas ne saurait changer;
L'une voudrait franchir l'espace,
Et l'autre voudrait l'abréger.

Toutes deux font ici fortune,
Tour à tour, on cherche à les voir;
On aime à courir après l'une,
Près de l'autre on aime à s'asseoir

Cossé rappelle ces Génies,
Ces sylphes, amis des humains,
Faisant des courses infinies,
Versant les biens à pleines mains.

Veillant de loin sur l'indigence,
Et la ranimant d'un coup d'œil;
Brancas nous peint la Providence,
Faisant du bien de son fauteuil.

Cossé peut être un peu trop vive,
Dévote un jour en un moment;
Brancas, quelquefois trop tardive,
Voudrait retenir chaque instant.

---

après avoir passé sa vie à chanter des psaumes, s'amuse maintenant à chanter nos belles dames ».

A qui des deux donner la palme?
Cela mérite attention :
L'une est un sage dans le calme,
Et l'autre un sage en action.

ÉPIGRAMMES DIVERSES

SUR M. DE SARTINE [1]

J'AI balayé Paris avec un soin extrême,
J'ai voulu de la mer balayer les Anglais :
    J'ai vendu si cher mes balais
    Que l'on m'a balayé moi-même.

SUR M. ET MADAME NECKER [2]

DE ce couple admirez la rare intelligence :
    Dans leur zèle, l'une établit

---

1. M. de Sartine quitta le département de la marine le 14 octobre. Necker avait profité de ce qu'il avait dépassé de vingt millions les fonds extraordinaires accordés à la marine pour obtenir son renvoi.

2. « On a fait ce quatrain sur M. et Mme Necker, à l'occasion des édits de suppression du premier, mettant

Partout des hôpitaux en France;
L'autre d'habitants les remplit.

SUR BEAUMARCHAIS [1]

En vérité, cher Beaumarchais,
J'aime te voir à ton pupitre,
Discuter et te rendre arbitre
Entre l'Anglais et le Français;
Honneur soit fait à ta balance;
Entre nous tu vaux un trésor,
Prends les intérêts de la France,
Elle te paye au poids de l'or.

SUR M. ROUCHER [2]

De vos vers, triste destinée!
Les reprenant cent et cent fois,

beaucoup de monde à la besace, et du zèle de la seconde à purifier, améliorer, bâtir des hôpitaux, pour loger, ce semble, ceux que son mari y envoie. » (*Mémoires de Bachaumont.*)

1. A propos d'une gratification de 100,000 écus qu'il avait reçue, disait-on, du ministère, pour sa réponse au manifeste du roi d'Angleterre.

2. Jean-Antoine Roucher, poète français (1745-1794), est surtout célèbre aujourd'hui pour être monté sur l'écha-

Enfin j'ai lu vos *Douze mois,*
Et je suis vieilli d'une année.

~~~~~~

SUR MADEMOISELLE SAINVAL [1]

ILLUSTRE ornement de la scène,
Toi, dont l'âme porte en nos sens
Tous les sublimes mouvements
Dont s'enorgueillit Melpomène ;
Sainval, reçois le juste encens
Que nous devons à ton génie ;
Et revois ici ta patrie,
Puisqu'on y chérit les talents.

faud révolutionnaire en compagnie d'André Chénier. Son poème des *Mois,* qui parut à la fin de 1779, avait été lu encore inédit dans les cercles littéraires, et beaucoup trop vanté avant son apparition, provoqua de vives critiques.

1. Exilée de Paris, Mlle Sainval avait obtenu de grands succès dans les représentations qu'elle donna en province, ainsi que l'on peut en juger par l'extrait suivant d'une lettre d'Avignon, transcrite dans les *Mémoires de Bachaumont :* « Les trophées en son honneur s'accumulent dans tous les endroits où elle passe, et son exil la couvre d'une gloire dont elle n'aurait jamais joui à Paris. Après une représentation de *Médée* sur notre théâtre, une colombe est venue lui apporter une couronne à laquelle étaient attachés ces vers. »

TABLE DES MATIÈRES

Pages.

INTRODUCTION HISTORIQUE : Le règne de
Louis XVI, de 1774 à 1789 I

ANNÉE 1774.

Le Nouveau règne. I
Un Roi de vingt ans. 3
Panégyrique de Louis XVI 4
La Rose et l'Étourneau. 8
La Poule au pot 10
Commandements du Roi à son garde des sceaux. . 13
Lettre du Roi à l'archevêque de Paris. 15
Édit du Roi 17
La Disgrâce du parlement Maupeou 19
La Résurrection de Henri IV 21
Caractère de la nation française. 23
Le Cochon allégorique 26
Épître à Miroménil 28
Épigrammes diverses. 32

ANNÉE 1775.

	Pages.
Les Revenants	39
Les Réformes du ministère.	47
Arrêt de la Bazoche	49
Plumes et panaches	51
Éloge de Malesherbes	52
Beaumarchais et le *Barbier de Séville*.	54
Une présentation à la Cour	55
La Reine et l'étiquette	58
Les Talents de Saint-Germain	60
Bouillon aime la guerre.	63
Les Prudes	65
Épigrammes diverses.	69

ANNÉE 1776.

Nouvelles de la Cour.	77
Les Édits de Turgot	82
Encyclopédistes et Économistes.	86
Un Repas de carême.	89
Le Procès de Richelieu	92
Les Ministres.	94
Contre Sophie Arnould	98
Portrait de Turgot.	100
La Disgrâce de Turgot	102
Deux gens de bien.	104
Requête des soldats français à la Reine	106
Mademoiselle Duparc et son notaire	111
Épigrammes diverses.	112

ANNÉE 1777.

	Pages.
Les Auteurs du *Journal de Paris*	115
La Politique	118
Les Insurgents	119
Les Destinées d'une fille à la mode	121
La Fête de Sophie	124
Requête à la Cour des Aides	126
Remontrances des fiacres	128
Critique du Salon des tableaux	130
Réponse à la Critique du Salon des tableaux	132
Épître aux Bostoniens	134
Réponse à l'Anonyme de Vaugirard	136
Noëls pour l'année 1777	139

ANNÉE 1778.

Mademoiselle le chevalier d'Éon	145
La Réforme des treize fêtes	149
Les Succès des Insurgents	154
Mœurs du jour	156
Avis au public	157
Épigrammes sur la mort de Voltaire	160
Brienne et son château	163
Les Exploits du duc de Chartres	168
La Bataille d'Ouessant	171
Le Déjeuner anglais	174
Monsieur Jérôme	176
Noëls pour l'année 1778	178

ANNÉE 1779.

Pages.

Les Ambulantes à la brune contre la dureté du temps. 191
Voyage en Amérique 204
Boutade d'un citoyen de Paris 214
Anniversaire de l'indépendance américaine 216
Ah! c'est Jeannot 218
Le Triomphe de Duras 222
Les Dames de la Comédie-Française 225
A celle qui se reconnaîtra 230
La Prise de Grenade 235
Épigrammes diverses 237

ANNÉE 1780.

Épître à Mademoiselle Girardin 241
Aux Anglais 243
Extrait de la boîte de Pandore 247
Necker et Sartine 249
Les Amours de Carline 251
L'abbé Fatras 252
Les Vertus du cardinal de Rohan 254
Éloge du duc d'Orléans 256
Panégyrique de Necker 257
Parallèle des duchesses de Cossé et de Brancas . . 259
Épigrammes diverses 261

TABLE DES PORTRAITS

	Pages.
Louis XVI	I
Marie-Antoinette	XXXVI
Hue de Miroménil	28
Charles de Beaumont	144
Mademoiselle Raucourt	230

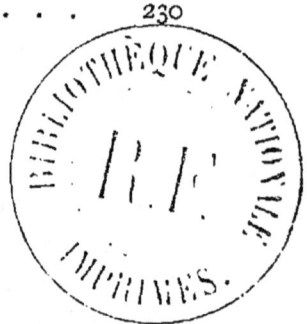

LE
CHANSONNIER HISTORIQUE
DU XVIIIe SIÈCLE

EN VENTE :

LA RÉGENCE (1715-1723) . . . . 4 VOL.

LE RÈGNE DE LOUIS XV (1724-1774) . . . . 4 VOL.

LE RÈGNE DE LOUIS XVI (1774-1780) . . . 1 VOL.

SOUS PRESSE :

LE RÈGNE DE LOUIS XVI (1781-1789) . . . . 1 VOL.

Chaque volume est orné de cinq portraits gravés à l'eau-forte

L'ouvrage sera ainsi complet en 10 volumes

www.ingramcontent.com/pod-product-compliance
Lightning Source LLC
Chambersburg PA
CBHW060640170426
43199CB00012B/1617